# 新时期大学生思想政治教育实践路径研究

董康成　顾丹华　著

吉林大学出版社
·长春·

图书在版编目（CIP）数据

新时期大学生思想政治教育实践路径研究 / 董康成，顾丹华著 . -- 长春 : 吉林大学出版社 , 2021.11
　ISBN 978-7-5692-9728-7

　Ⅰ . ①新… Ⅱ . ①董… ②顾… Ⅲ . ①大学生－思想政治教育－研究－中国 Ⅳ . ① G641

中国版本图书馆 CIP 数据核字 (2021) 第 254017 号

| | |
|---|---|
| 书　　名 | 新时期大学生思想政治教育实践路径研究 |
| | XINSHIQI DAXUESHENG SIXIANG ZHENGZHI JIAOYU SHIJIAN LUJING YANJIU |
| 作　　者 | 董康成　顾丹华　著 |
| 策划编辑 | 董贵山 |
| 责任编辑 | 董贵山 |
| 责任校对 | 张宏亮 |
| 装帧设计 | 王　斌 |
| 出版发行 | 吉林大学出版社 |
| 社　　址 | 长春市人民大街 4059 号 |
| 邮政编码 | 130021 |
| 发行电话 | 0431-89580028/29/21 |
| 网　　址 | http:// www.jlup.com.cn |
| 电子邮箱 | jldxcbs@ sina.com |
| 印　　刷 | 天津和萱印刷有限公司 |
| 开　　本 | 787mm×1092mm　1/16 |
| 印　　张 | 10.25 |
| 字　　数 | 200 千字 |
| 版　　次 | 2022 年 5 月　第 1 版 |
| 印　　次 | 2022 年 5 月　第 1 次 |
| 书　　号 | ISBN 978-7-5692-9728-7 |
| 定　　价 | 72.00 元 |

版权所有　翻印必究

# 前　言

随着社会的进步，新时代大学生思想政治教育工作已经形成一系列行之有效的模式。但在社会转型期，经济结构、文化形态、价值观念等因素的转变所造成的不确定性，也为大学生思想政治教育带来了诸多新挑战。因此，在新时期背景下在机遇和挑战面前，我们应当更加细致地探寻出大学生思想政治教育的实践路径，从而有效化解复杂的社会环境所带来的种种困难。

本书第一章为大学生思想政治教育概述，分别介绍了大学生思想政治教育的目标及任务、大学生思想政治教育的其他学科视角及特征、大学生思想政治教育的理论指导及面临的形势三个方面的内容；第二章为新时期大学生思想政治教育，主要介绍了四个方面的内容，依次是"红色文化"教育与高校大学生思想政治教育、志愿服务教育与大学生思想政治教育、职业生涯教育与大学生思想政治教育、中华优秀传统文化与大学生思想政治教育；第三章为思想政治教育视角下大学生网络素养培育，分别介绍了四个方面的内容，依次是大学生网络素养的内容、大学生网络素养缺失现状、思想政治教育与网络素养培育的内在联系、思想政治教育视角下大学生网络素养培育路径；第四章为新时期大学生思想政治课程教学改革，依次介绍了大学生思想政治课程教学原则、大学生思想政治课程教学现状、大学生思想政治教学改革背景、大学生思想政治教学改革与创新路径四个方面的内容；第五章为新时期大学生思想政治教育师资队伍建设，主要介绍了五个方面的内容，分别是大学生思想政治课程教师现状、高校辅导员与大学生思想政治教育工作、高校辅导员的核心素质及核心能力、高校辅导员队伍制度及发展理念、高校辅导员队伍建设路径；第六章为大学生思想政治教育实践路径，主要介绍了三个方面的内容，依次是大学生思想政治课程实践教学、融媒体环境下大学生思想政治教育实践路径、"互联网+"背景下大学生思想政治教育实践路径。

在撰写本书的过程中，作者得到了许多专家学者的帮助和指导，参考了大量的学术文献，在此表示真诚的感谢！由于作者水平不足，加之时间仓促，本书难免存在一些疏漏，在此，恳请同行专家和读者朋友批评指正！

作者

2021 年 6 月

# 目录

## 第一章 大学生思想政治教育概述 ... 1
### 第一节 大学生思想政治教育的目标及任务 ... 1
### 第二节 大学生思想政治教育的其他学科视角及特征 ... 6
### 第三节 大学生思想政治教育的理论指导及面临的形势 ... 9

## 第二章 新时期大学生思想政治教育 ... 13
### 第一节 "红色文化"教育与高校大学生思想政治教育 ... 13
### 第二节 志愿服务教育与大学生思想政治教育 ... 21
### 第三节 职业生涯教育与大学生思想政治教育 ... 31
### 第四节 中华优秀传统文化与大学生思想政治教育 ... 36

## 第三章 思想政治教育视角下大学生网络素养培育 ... 45
### 第一节 大学生网络素养的内容 ... 45
### 第二节 大学生网络素养缺失现状 ... 47
### 第三节 思想政治教育与网络素养培育的内在联系 ... 54
### 第四节 思想政治教育视角下大学生网络素养培育路径 ... 56

## 第四章 新时期大学生思想政治课程教学改革 ... 65
### 第一节 大学生思想政治课程教学原则 ... 65
### 第二节 大学生思想政治课程教学现状 ... 73
### 第三节 大学生思想政治教学改革背景 ... 81
### 第四节 大学生思想政治教学改革与创新路径 ... 85

## 第五章 新时期大学生思想政治教育师资队伍建设 ... 89
### 第一节 大学生思想政治课程教师现状 ... 89

第二节 高校辅导员与大学生思想政治教育工作……94
第三节 高校辅导员的核心素质及核心能力……113
第四节 高校辅导员队伍制度及发展理念……117
第五节 高校辅导员队伍建设路径……124

# 第六章 大学生思想政治教育实践路径……137
第一节 大学生思想政治课程实践教学……137
第二节 融媒体环境下大学生思想政治教育实践路径……145
第三节 "互联网+"背景下大学生思想政治教育实践路径……158

# 参考文献……161

# 第一章 大学生思想政治教育概述

本章主要由大学生思想政治教育概述展开，分别介绍了大学生思想政治教育的目标及任务、大学生思想政治教育的其他学科视角及特征、大学生思想政治教育的理论指导及面临的形势三个方面的内容。

## 第一节 大学生思想政治教育的目标及任务

### 一、思想政治教育的目标

#### （一）思想素质目标

要坚定贯彻马克思列宁主义、毛泽东思想、邓小平理论，明确辩证唯物主义的思想，树立正确的"三观"，在生活中不断锻炼自己尝试运用马克思主义世界观和方法论进行思考和判断；培养集体至上的"三观"，批判享乐主义和拜金主义，明确国家利益高于个人利益的思想，对建设富强祖国充满信心和力量，为祖国做贡献才是青春正确的方向。

#### （二）道德素质目标

以集体利益为最高荣誉，个人利益要服从于集体利益，坚信团队合作的重要性和必要性；吃苦耐劳、勤俭节约，在生活学习工作中做到艰苦朴素，享乐在后；遵守法律，热爱国家，懂礼貌，讲诚信，为人团结和睦；积极进取，思想要具有正能量，用乐观豁达的心态面对生活；对于事业和学习要充满干劲，秉持着严肃认真的态度；能听进各方的意见和建议，汲取批评中的养分，努力完善自己的道德修养。

#### （三）政治素质目标

对于我国的国史和国情要了然于胸，对于我国传统文化的优秀之处要加以发扬和继承，不忘初心、坚持共产党领导，继承先辈的革命斗争精神，坚决维护祖国统一和团结，将祖国的利益和荣誉放在心中首位。具有献身祖国、报效人民的思想觉悟，坚定拥护党的领导和国家的政策方针，做忠诚的爱国主义者。

### （四）法纪素质目标

要致力于弘扬民主法治的社会主义核心价值观，自发学习我国宪法，能够做到正确行使公民权利、维护公民利益、履行公民义务。要从根本上培养高校大学生的法律意识，教导学生做到自我约束、自我管理，能够运用法律武器做出正确的判断和决策。培养学生的勇气和承担挫折的能力，在内遵守校规校纪，在外遵守社会公德和法律法规，自觉主动地帮助维护学校和社会的正常公共秩序，深刻领悟法治社会的建成需要每个人来努力，要让法治变为信仰融入高校大学生的思想道德教育中去，才能让思想转化为实际行动，让法纪素质教育贯穿始终。

### （五）心理素质目标

心理素质是一个人心理过程和心理特征的体现，是衡量每个人在情感、意志、性格、行为等方面的综合标准体系。要培养高校大学生形成坚强、自爱的性格，增强他们的抗打击和受压能力，使其具有较好的自我调节能力，这将有利于高校大学生未来的工作、事业、婚姻、家庭等，保证他们在遇到挫折时可以不丧失勇气和信心，不断努力去改善困境，拥有良好的心态，从而拥有良好的人生。

## 二、思想政治任务内涵及作用

### （一）任务体系的细化明确

思想政治教育作为一项综合性的工作，必须围绕"立德树人、铸魂育人[①]"的根本任务。在培养社会主义建设者和接班人方面，任务繁杂多样，非常具有挑战性，且由于完成思想政治教育根本任务需要多方参与和完成，因此，各个方面的因素构成了一个庞大的思想政治教育体系。为了增强思想政治教育任务的完成效果，提高完成质量，需要细化明确任务体系，为实现集成创新奠定基础。

1. 任务体系的上下衔接

由于思想政治教育工作的复杂性和全局性，所以，相关联的任务也就复杂多样。面对此种现实，唯有将任务放置在体系视野下，以上下衔接、纵横有度的原则建构技术路线图，设计阶段进展规划，才能高质量完成以立德树人为核心的思想政治教育任务。所谓任务体系的上下衔接，就是指战略规划层面和战术执行层面均

---

① 引于2012年11月8日中国共产党第十八次代表大会

需要各司其职，各守其责，做好任务的传导消化工作，做好任务在战略和战术层面的分配工作。既不能让小任务、细任务、非核心的任务扰乱了战略规划层面的全局统筹，也不能让宏观任务、大任务、统筹性任务强加给不具备执行能力战术层面的单位或个体。

2. 任务主体的责任明确

为了高质量完成思想政治教育工作的各项任务，细分任务并确定主体责任是非常必要的。如果不能细分任务，带来的结果就是责任不明，责任不明则意味着主体责任切实贯彻不够，显然任务的执行力度、完成效果就会大打折扣。切实贯彻主体责任可以从任务的结果进行有效的回溯，这种回溯既是权利的回溯，也是义务的回溯。换言之，主体责任人作为执行任务的核心，既享有与任务相匹配的权利，也必须承担与任务相匹配的义务。如果主体责任不明确，回溯就会失去确定权利和义务的意义。更重要的是，如果主体责任不明确，缺乏统一指挥和领导，任务极大可能处于放任自流的状态，失去其规定性、指向性和前瞻性的意义与特征，从而直接影响任务的完成质量，最终损害全局利益。

3. 任务范围的权责相当

完成任务的主体责任明确之后，仍然需要明确任务范围，做到责权明确、权责相当，督促和指导任务完成单位在各自范围内各守其责、各司其职，不越界、不推诿。由于思想政治教育工作常做常新，而且随着外部环境的变化始终会有新问题出现，所以要做到集成创新，就必须明确任务范围，以权责相当督促新任务不断取得突破。举个例子，马克思主义学院的任务范围和团委学生处等职能部门的工作范围是不同的，其中马克思主义学院的核心任务是主渠道主阵地的坚守与开拓。如果在教学上出了问题，那就是马克思主义学院的责任；如果是社团建设中出了偏差，则团委必须承担失察之责。反之，如果教学改革做得好，教学成果突出，说明马克思主义学院建设的质量是令人满意的；如果学生社团在思想政治教育工作方面有巨大贡献，那么团委作为主管部门则应该受到大力嘉奖。所以，在各自范围内做好自己的分内之事，显然是集成创新的第一要义。

4. 任务考核的赏罚分明

为了督促执行人将任务完成得更好，在考核方面务必做到赏罚分明。思想政治教育工作需要创新、需要与时俱进、需要全力以赴，同时也需要脚踏实地。缺失其中任何一项，思想政治教育工作的集成创新，或者说最基本的任务指标都是难以完成的。因此，考核标准也要分层次，对标对表，"先礼后兵"。在一定期限内，不做概略考核，要做坚定立场、坚定方向、坚定核心任务不松懈的考核。同时，鉴于思想政治教育具有与时俱进的特点，考核方式、指标也要根据任务的不同和进阶程度进行实事求是的调整。总而言之，赏罚分明也是促进高质量完成任务的一种手段和前提，有助于思想政治教育各方面任务得到可持续地、高效率地完成。

### （二）任务的内涵

通常意义上理解的任务就是指应该担负的责任，以及需要完成的交派的工作。它一般发生在能动的双方之间，其中一方作为规划者、领导者或者师长之类的角色，就某一项工作交派给另一方，承担工作的一方就是执行任务者。根据执行任务者、任务的性质、大小、轻重、缓急，任务的层次、内容、阶段等不同的角度审视，任务的划分种类非常复杂。如长期任务和短期任务，特殊任务和普通任务，战略任务和战术任务，工作量大的任务和工作量小的任务，针对人的任务和针对事的任务，推动自然科学技术进步的任务和推动哲学社会科学进步的任务，追求民族解放的任务和追求国家富裕的任务，阶段性的任务和持续性的任务，等等。总体来看，任务是人类社会进步的标志和推动力量，任务质量得高低，决定了事物发展的程度。就思想政治教育任务而言，显然是针对人的培养，其中疑难问题的任务是长期的、艰巨的，为了国家民族进步需要不断提出新的要求的战略任务。

### （三）任务的功能作用

人类社会发展进步的实践证明，布置越明确、清晰的任务，完成质量越好，越能推动事物在短期内实现质的飞跃。究其原因，是因为任务本身具有的功能作用，能够推动事物的发展进步。具体而言，任务的功能作用大致可以分为以下几个方面。

第一，任务具有指向性作用。指向性的功能作用确定了任务完成的质量、数量，完成任务的前景，完成任务需要采取的路径选择，同时，也指向了任务的性质，从而确保人不犯方向性错误。

第二，任务具有规定性的功能作用。规定性的功能作用明确了完成指标及标准，明确了完成任务的技术路线，必须有效解决的重点难点，评价考核标准，等等。

第三，任务具有前瞻性的功能作用。前瞻性的功能作用是由任务本身决定的，因为无论何种性质的任务，其完成度的高低好坏直接决定事物下一步的进程，如果完成得好，就会在完成得好的基础上再发展、再进步。如果完成得不好，则需要在此情况下启用备案或者终止任务，尽量将损失降到最低。

## 三、思想政治教育的意义

### （一）有助于高校师生高效完成教学任务

思想政治教学作为最基本的指导理论之一，其最重要的功能就是保障高校大学生和高校教师顺利、高效地完成思想政治课的教学任务。它能够使教师更加深刻地掌握这项教学实践活动的本质和规律，能够帮助学生更好地掌握教学内容，从而取得良好的教学效果。思想政治教育是我们认识该课程教学实践活动本质与规律的基础。思想政治教育教学是经过科学抽象和高度概括后的概念。人们通过对思想政治教育教学的展开研究，树立正确的、科学的范畴体系，能对教学实践活动有更深层次的认识，有助于揭示研究对象的本质和规律，对高校大学生和高校教师顺利、高效地完成教学任务有重要的保障作用。具体体现在两个方面。

首先，它是思想政治理论课教学理论本质和规律的手段与工具，这一教学包含着已有的学科教学理论知识。通过思想政治教育教学的推演、概念的移植等方法，对教学领域的种种关系产生新的认识，归纳总结出思想政治教育教学过程中的新特性和关系，进而架构出新的范畴，由此产生新的理论。思想政治教育教学基本理论框架的发展创新基于范畴的产生和形成，而思想政治教育教学的产生和转化会对其教学理论产生新的变化。通过不断的研究和发展创新，对思想政治教育教学领域内的现象有一个新的认识，包括特性、关系，甚至是范畴的基本内容等都会有不同的认识。

其次，它是思想政治教育教学实践活动本质和规律的手段与工具。思想政治教育教学对教学的思维方式具有引导更新的作用，使思维与时俱进。在对思想政治教育的研究、推演的基础上产生思想政治教育教学的具体内容，这实际上就是思维运动的结果，通过对已经存在的范畴进行进一步的探索，产生新的范畴并揭示其概念。通过对教学范畴不断的深入研究，它能对教学中的各种现象的认识从感性上升到理论层面，为思想政治教育教学实践活动指明方向，确保高校大学生和高校教师顺利、高效地完成教学任务。

### （二）有助于高校大学生树立正确的理想信念

通过思想政治理论课教学可以使学生完整地、准确地、科学地理解和把握马克思主义的科学理论，避免了对马克思主义理论片面的、肤浅的理解，同时也可以避免或减少某些学生用个别结论、现象代替或否定马克思主义的立场等。通过思想政治教育教师用科学的方法向学生讲授思想政治理论这一科学的内容，可以引导学生对科学世界观和方法论的掌握。举个例子，思修课第一章的内容就是要引导学生树立正确的理想信念。人们借助思想政治教育教学将其实践过程中出现的种种现象、疑难问题、关系都统一到一个有机体里，对其进行全面的、整体性的分析阐释，从而能更好地认识和把握这一系统。把其作为思维工具对教学进行指导，帮助学生树立正确的理想信念是研究范畴的重要作用；构建范畴体系，完善思维形态是教学理论研究的重要任务。通过思想政治教育教学指导教学实践活动，对高校大学生树立正确的理想信念有重要意义。

### （三）提高高校大学生的思想政治觉悟

思想政治教育的范畴是通过思维逻辑对具体的现象进行抽象化，而其功能则是把抽象的概念具体化，用以指导实践。换句话说，这一教学就是从逻辑层面展现了教学过程的系统性和整体性，从而构成教学理论的基础。目前，随着教学手段的不断发展，实践活动内容多样，形式各异；思想政治教育教学作为教学的理性认识和基本理论单元，教学的每一环节产生、变化、发展的基础，对教学中诸要素的位置、作用都有明确的规定，它对教学的指导作用，是教学效果和目的达成的保障。思想政治教育教学对教师所采用的教学方式方法具备指导作用，也是教学方向的重要影响因素，保证了教学内容和对学生思想的引导方向是正确的，并与马克思主义所提倡的思想、政治、价值观念保持一致性，保证对高校大学生树立正确的价值理念和政治方向，对提高高校大学生的思想政治觉悟及坚定正确的政治方向有保障作用。

## 第二节 大学生思想政治教育的其他学科视角及特征

### 一、思想政治教育其他学科视角

#### （一）教育学的知识借鉴

教学活动是教育学体系的关键要素之一，包括课程内容的总体设计、课程活动的主体与客体、教学目标、教学手段、教学达成效果等部分。教学活动将德育与智育相统一，将教学触角伸出课堂、走出校园、深入社会。因此可以说教学活动的整个活动流程，与教育学中对于教学活动的研究是不谋而合的。因此要将教育学中关于教育规律和教育活动的基本原理借来参考和借鉴，从而构建出优质、高水平的思想政治教育教学体系。

教育学为思想政治教育如何组建课程活动、开展实践活动提供客观依据，并从教师的角度入手揭示教师如何规范地实施教学过程，学生如何高效地参与到教学活动当中，为教学进行打造一套可遵从的规范，还必须要注意保持和教育学研究的核心内容相一致。要从教育学中的关注点，即通过德育来探讨内容、原则、方法和评价的确定。教育学中关于教学方式的论述，和思想政治教育教学中开展的形式多样的教学活动，在其具体过程中引导学生将课本理论与实际相结合，达到实践育人的目的。这一点也是与教育学融会贯通的地方。

### （二）心理学相关依据

掌握心理学在教育中对人的影响过程是思想政治教育进行构建的基本点，这表明必须从根源上探讨如何通过构建教学体系，使学生在教学过程中达到所要求的思想政治品德，这一过程也反映出了个体内心活动的变化和心理的起伏过程。在思想政治教育过程中，心理学的相关理论和方法能将学生思想品德形成过程的心理活动展现得淋漓尽致，深入挖掘如何构建切实可行的教学过程，可以揭示学生在教学活动中个体本身知、情、意、信、行等方面的心理变化。在分析研究这一过程的基础上，要抓住内部规律，构建适应学生心理特点的思想政治教育规律。除了发现学生在教学实践过程中思想品德形成的心理规律外，在这一过程中心理学中需要、动机和意识的形成等相关论，也为思想政治教育的研究寻找了新的切入点，使构建的思想政治课教学具有全面性与广泛性，经得住各门学科的检验。

## 二、大学生思想政治教育的主要特征

### （一）民族性

民族性对于一个民族、一个国家是至关重要的存在，民族文化是大浪淘沙留下来的精华产物，凝聚了一个民族的精神思想精髓和智慧结晶，随着传播和继承早已融入人民的灵魂中。民族文化造就了不同民族的不同习俗和主要特征，民族性是文化的脊梁，是文化价值存在的基础和前提。弘扬中华民族传统文化也是思想政治教育工作的重要内容，培养高校大学生的民族自尊心、认同感、自豪感，能够有效帮助其形成正确的人生观、价值观、世界观，从而拥有优良的性格品质。中华民族文化具有悠久的历史和深厚的底蕴，当中阐述的一些思想和理念到今天仍然散发着生机和活力，仍然具有可借鉴性。在中华民族的历史长河中，儒家思想经过了大浪淘沙，承受了历史的筛选，在新时代的社会发展中仍然展现了其不断更新的内涵。儒家所支持的"忠、孝、礼义、廉耻"等人类社会道德标准造就了中华民族的民族精神。经过这些民族精神的洗礼，高校大学生的道德文化素养可以大大提高，有助于学生成为习近平新时代中国特色社会主义理论体系、理论思想的优秀人才。

### （二）整体性

整体性在思想政治教育教学中除了体现在每一阶段和每一环节中，还体现在教学内容的整体性。思想政治教育向学生传授了马克思主义理论知识，这一理论具有完备的逻辑体系和框架，其发展历程也具有整体性。思想政治教育教学的导向指引下的整体性主要表现在，以思想政治教育为教育教学内容并引领教学的正确方向，而这门课程本身就具有完整性，在教学过程中首要的是让学生认知和了解这门课程和教学内容及其思想的整体性，而不是对某一部分具体的知识点进行深挖，因此对框架的构建应坚持完整性这一特征。在教学过程中，不应把了解某一具体知识的目的作为教学的第一要务，否则学生将无法掌握这一教学内容的思想，更无从谈起对知识、思想的转化。

思想政治教育是一门兼具系统性、完整性的课程，可将各种性质类型的教育教学因素整合到教学过程中，并能引导学生把感性认识或零星观点转化成一个整体的思想政治素质。其教学最重要的一点，就是要使学生对马克思主义理论的价值立场、观点等思想的认识转化为信念。因此在教学过程中一定要重视对整体性的把握，而对思想政治教育教学的构建理应体现整体性这一特征。

### （三）时代性

思想政治教育必须牢牢跟上社会的发展节奏，要具有鲜明的时代性特征。时代性特征在教育内容中有所体现，举个例子，当前形势下中国共产党的政策、方针、路线及理论是如何获得的，在现实生活中又有什么样的应用和依据，这些都是很重要的。思想政治教育只有融入新时代的理论内容才具有生命力，才更容易被高校大学生掌握。随着改革开放和社会主义市场经济的不断发展,高校大学生的思想、价值观取向与以前相比产生了巨大的变化，受到了前所未有的影响。随着外来信息的不断涌入，人才需求的扩大，青年学生有更大更好的舞台来发挥自己的才能。同时，世界上不同民族文化的价值观、生活理念随之涌入，形成了思想碰撞，促进了文化和意识领域的丰富化、多样化。而且信息和网络的全球化，也对当代学生思想政治教育提出了新的挑战，学生遇到的任何一个问题都难以有标准的答案，这使得教育者在给予学生正确信息这方面的权威受到了挑战，这是高校大学生思想政治教育工作需要思考的新问题。时代性特征就是指思想政治教育要使理论联系新时代的实际，考验了思想政治教育者的理论驾驭能力与结合实际有效解决问题的能力。只有具备上面所说的品质和能力，对于实际遇到的问题才能有更透彻、更深入的理解，思想政治教育才能达到新的高度。

### （四）实践性与认识性统一

通过实践和认识的不断反复运动，人们对从教学实践过程中得到的原材料，运用头脑的主观理论思维形成最初认识。在最初认识的基础上进行反复推敲，分析研究，总结归纳出教学实践内在的、本质的特征和现象，进而对这些现象的普遍联系进行分析研究，得到各种现象的内在联系和共同本质，从而形成思想政治教育教学的实践性与认识性统一。其实践性表现在两个方面：首先，源于思想政治理论课教学实践，并服务于思想政治理论课教学实践；其次，对培养高校大学生正确的马克思主义价值立场、方法、观点等具体的、现实的教学实践活动具有指导作用，是影响教学目的和教学效果达成的重要因素。

高校思想政治教育教学在本质上是教师与学生之间的不断实践，不断提高认识，并用认识指导实践得出新的认识。各高校思想政治课程教师的"教"与学生的"学"就是构成这一特殊教学实践的统一结合体，并作为反映教学基本概念的范畴具有实践与认识的统一性。思想政治教育教学作为党的指导思想的重要宣传阵地，始终反映了中国特色社会主义的建设发展这一实践活动，对这一实践活动中出现的种种问题展开理论研究，其价值指向是引导学生掌握科学理论，坚定理想信念和提升思想素质。综上，教学的根本属性就是实践，其从实践中得出，也反作用于实践，为实践做指导。基于思想政治理论课教学实践活动，而展开分析研究构建得到思想政治教育教学也是实践和认识的统一体，具有实践和认识的统一性特征。

## 第三节 大学生思想政治教育的理论指导及面临的形势

### 一、理论指导

#### （一）以实现中华民族伟大复兴的使命为指引

我国的文化历史源远流长，在不同时期都有过辉煌的成就。新时期，高校思想政治教育应以实现中华民族伟大复兴的使命为指引，加强高校学生的政治意识、学术意识，以此培养出高质量的综合型人才，从而积极地为中华民族伟大复兴做贡献。

### （二）以客观认识中国特色和国际比较为指引

在新时代，全球经济一体化已经成为主要的发展趋势，我国为增强社会主义制度的优越性及提高综合国力，必须重视高校学生政治意识、综合素养的培养，才能借助青年的力量，提升我国的国际竞争力。

因此，在高校思想政治教育中，以客观认识中国特色和国际形势，作为思想政治教育的理论指导与发展理念，充分体现了我国高校紧跟时代发展的步伐。

同步的超前意识，使我国高校学生的政治思想与行为意识，都能关注国家的发展动态，并以增强国家竞争能力为发展目标，不断地学习，为我国社会和经济发展奠定坚实的基础。

### （三）以高校大学生和高校教师思想意识的发展变化为指引

高校思想政治教师，应担负起引导学生政治思想正确健康发展的重任，努力提升政治素养，结合我国社会主义发展目标，根据学生的学习能力、认知水平及实际生活和社会环境，从思想和行为上影响高校学生，并以自身的政治素养构建文明和谐的政治环境，力求让学生在学习和生活上，都能以政治素养高水平发展为目标严格要求自己。

## 二、面临的形势

### （一）国际形势

首先，经济全球化的发展使世界各国的政治、经济和文化都能够进行深入的交流，拉近了与彼此的距离，将世界变成了一个能够相互联系和影响的整体。但事实上，东方国家和西方国家还是存在一定的差异性，无论是在意识形态方面还是在物质方面，都体现出一定的区别。

其次，伴随着科技的高速发展与进步。文化传播的速度日新月异，同时新兴的网络媒体与自媒体等频道，也让文化传播的渠道变得更加广泛与便捷。科技的进步让世界各国之间的联系更加紧密，文化的开放不可避免地让西方的文化和价值观潮水般地涌入国内，与国内传统文化与价值观进行激烈的碰撞，对高校大学生价值观的形成产生了或多或少直接或间接的影响。而且新时代的高校大学生是在互联网影响下成长起来的，其对文化与价值观念的接受范围也更加广泛，时刻面对着文化之间碰撞带来的困惑与斗争，比较容易受到各种不良文化和思想观念的影响，导致盲目地推崇国外文化。

### （二）国内形势

**1. 市场经济体制带来的挑战**

高校大学生的思想政治教育工作在一定程度上来说，是与某些经济基础相匹配的意识形态的工作。近年来，我国经济水平不断提升，社会经济体制发生了较大转变，意识也发生了很大的变化。这样的价值观念的冲击，对高校大学生有较大的影响。学生在品德教育的重视程度上普遍低于对知识技能的认识程度，导致学生在学习中很难提升学习的积极性，这成为高校思想政治教育中的一个挑战。

**2. 科技发展变化带来的挑战**

随着社会经济的不断提升，信息技术也在飞速地发展，为人们的生活提供了较多的便利，随之而来的是大量的信息传递。网络的发展让信息传递更加迅速，面积也更加广泛。在这样的背景下，高校大学生的思想政治教育得到了更好的技术支持，知识的获取变得更加快捷。但与此同时，庞大的信息量也容易使辨别是非能力较低的学生误入歧途，因此，提高学生素养势在必行。

**3. 国家教育方针带来的挑战**

我国的教育方针开始转向了学生的素质教育方式，对高校大学生的政治思想教育带来了两方面的影响。一方面，其为我们的教育提供了更多的空间和综合性，促进了我们的教学水平的提升；而另一方面，其带来的是更加多元化的背景，各类教育目标罗列在我们的面前，我们需要不断地提升自己的教学素养，并且需要去正确地区分轻重缓急来进行学生的教育实施，这对我们的教育工作来说增加了一定的难度，提出了较大的挑战。

**4. 教育工作体系问题带来的挑战**

在高校思想政治教育的实施过程中，教育工作体系对提升教育效果提出了一定的挑战。思想政治教育要面对的是学校及教师的教学思想认识和素养等方面的问题，这些也是当前我国高校教育中的弱势所在，对我国的教育起到了一定的阻碍作用。在日常的教育中要重视这样的教育挑战，将挑战转变为机遇，将弱势的教育问题有针对性地解决，积极扭转困境，从而对学生的学习效果提升起到促进的作用。

# 第二章 新时期大学生思想政治教育

本章主要讲述新时期大学生思想政治教育，主要介绍了四个方面的内容，依次是"红色文化"教育与高校大学生思想政治教育、志愿服务教育与大学生思想政治教育、职业生涯教育与大学生思想政治教育、中华优秀传统文化与大学生思想政治教育。

## 第一节 "红色文化"教育与高校大学生思想政治教育

### 一、"红色文化"的主要特征

"红色文化"是一种极具中国特色的先进文化，主要是指革命战争年代，中国共产党人、人民群众先进分子在中国共产党的领导下，创造的一种物质文化、精神文化和制度文化相统一的文化。高校人才的培养目标必须围绕思想政治教育方向来开展，而"红色文化"是高校开展思想政治教育的重要载体和内容，因此加强高校大学生"红色文化"教育显得尤为重要。"红色文化"在高校教育教学改革中发挥了重要作用，有助于优化人才培养的目标，实现学生的全面发展。

"红色文化"作为中国共产党在革命、建设与改革中创造的实践产物，具有自身的主要特征和特性。

#### （一）民族性

"红色文化"是中国人民在长期革命、建设和改革过程中创造的宝贵的精神财富，饱含深厚的红色基因，展现了中国共产党带领中国人民坚持不懈、艰苦奋斗的精神追求，具有独特而鲜明的思想价值。"红色文化"记录着中国共产党成立以来中国社会的发展历程，诠释了中国共产党勇往直前、不畏艰险的精神品格，表达了中国共产党对困境的无畏、对信念的坚守、对事业的无私奉献的思想内涵，蕴含着鲜明的政治立场、坚定的理想信念，是中国共产党伟大理想和卓越实践的集中体现，有着巨大的思想价值和鲜明的意识形态，能够对高校大学生价值观的形成起到重要的引导作用，具有深刻的思想性。

"红色文化"蕴含着深厚的文化底蕴与历史精神价值，其呈现出的忠于党、忠于人民、坚持真理、一往无前等的精神，与高校大学生思想政治教育的培养目标在内涵上具有一致性，能够为高校大学生提供正确的思想引导，其深刻的思想性发挥着价值引领的根本作用。值得注意的是，在中国共产党的不断发展壮大中，形成的一系列党史文献、马克思主义中国化的最新理论成果等"红色文化"更是极具思想性，体现了中国共产党人对社会主义建设规律的认识。发挥"红色文化"的思想性，更加有助于引导高校大学生坚持真理、坚定信念、坚守初心，能够进一步从理性、情感、感官等多方面增强高校大学生的爱国主义信念，坚定高校大学生的思想信仰。

### （二）科学先进性

"红色文化"具有科学性的主要特征，是广大人民群众在中国共产党领导下的革命斗争中艰苦奋斗出来的先进主流文化，同时在群众中得以延续与不断发展。因此"红色文化"是反映一切客观真理、理论与实践相统一的历史实践，具有鲜明的寻求真理、实事求是的科学精神。

"红色文化"作为无产阶级的先进政治文化，集中体现了中国共产党的先进性。"红色文化"包含了中国共产党的理想、宗旨、路线、纲领、方针、政策，体现了中国共产党人的初心和使命。"红色文化"是在中国共产党领导中国人民不断发展的伟大实践中不断丰富和完善的，饱含着中国的发展方向。"红色文化"的先进性体现在它与时俱进的产生过程，它也是我党在不断奋斗发展过程中形成的优良传统和革命精神，"红色文化"是宝贵的、丰富的思想财富和政治资源。"红色文化"在中国共产党的领导下植根于不同历史时期的社会实践，充分体现了中国社会历史进程的普遍规律和发展方向，并不断地在实践中丰富、发展和创新。

"红色文化"作为一种特殊的文化资源，它并没有随着时代的发展而消失，而是不断地被欣赏、被传播，这也从一个侧面说明了"红色文化"的先进性。"红色文化"已经通过了历史和时代的考验，并没有随着时间的流逝而过时，也没有随着岁月的流逝而消失，它始终保持着与时俱新的先进性。"红色文化"所倡导的革命精神与爱国主义情怀，能够与民族精神和时代精神相吻合，能够在建设社会主义现代化强国和实现中华民族的伟大复兴中，产生鼓舞人心的巨大力量。"红色文化"的先进性既可以满足高校大学生日益增长的精神文化的需求，又能够利用其蕴含的共产主义的远大理想来指导高校大学生成长、成才，在高校大学生思想政治教育中融入"红色文化"这一思想政治教育资源，更能促使高校大学生树立高尚的道德品质和坚定的政治意志。

### （三）时代性

"红色文化"具有鲜活的时代性的主要特征，是时代的产物。"红色文化"的孕育、形成、丰富和发展始终与历史进程相一致，是在历史发展过程中逐步积累和形成的。因此，"红色文化"体现了特殊的时代特征和时代价值。

### （四）艺术性

艺术性是指在形式、结构、表现技巧方面所达到的完美程度，可以透过艺术作品反映生活，表达思想感情，展现艺术作品的生命力。我们所接触度的"红色文化"最广泛的体裁是红色文学作品、红色戏剧电影、红色音乐作品等，因而"红色文化"具备文艺作品自身独有的艺术魅力与吸引力。举个例子，"红色文化"小说的代表《红岩》，其塑造的许云峰、江姐、齐晓轩等一大批革命知识分子的光辉形象，都是血肉丰满、感人至深的艺术典型，其视死如归、宁折不弯的崇高精神品质，弘扬了革命者高风亮节的牺牲精神，以及为革命奋不顾身的坚强意志和大无畏精神，都能够有助于升华高校大学生的精神品质。尤其是小说中江姐的原型——著名革命女烈士江竹筠，更能让高校大学生产生思想和情感上的共鸣，切身领会中国共产党人革命的艰辛与不易。这种来源于真实生活的"红色文化"作品，能够让高校大学生更真切地了解历史，学习革命先烈的伟大精神。文学、影视、绘画等艺术作品含有深刻的时代印记，是"红色文化"文艺作品的代表形式，并以其特有的艺术感染力让高校大学生在阅读、感悟的过程中，走进经典作品反映的那个特定的时代，感受中国共产党人的崇高信仰和精神品质，增强高校大学生思想政治教育的艺术魅力。

"红色文化"内涵的其他形式，如党史文献、中国主要领导人的理论著作、红色场馆、红色遗址等，也都有自身独特的艺术性。举个例子，杨家岭革命旧址中毛泽东主席、朱德的窑洞的位置体现了二人在党内的核心地位，彰显出平面布局艺术所表达的纪念性和象征性。参观者通过观察红色革命遗址的建筑艺术风格，了解当时的组织结构与意识形态，进而从审美体验的角度体会其历史价值和文化内涵。"红色文化"以不同形式展现出的艺术性，与其蕴含的深刻的思想内涵完美融合，使高校大学生提升了艺术的审美感。

### (五) 超越性

"红色文化"既是民族文化的传承,也要顺应时代的发展,既是现实与历史的结合,也是时代精神和传统精神的融合体现。当今时代的飞速发展,既要不断深挖和传承红色资源、红色基因,又要彰显各个地方"红色文化"的特色,在文化内容、传播渠道和传播形式等方面不断与时俱进。

超越性体现在"红色文化"具有跨时代接受的品质,可以超越时间和空间,被反复传播、阅读、欣赏、感悟。"红色文化"再现了中国革命、建设和改革的波澜壮阔、艰苦奋斗的历史画卷,虽然随着时代的发展其精神和内涵在不断的丰富,但事实上其红色精神的内核从未改变,中国共产党的初心和使命始终贯穿其中。

"红色文化"是特定时代的精神丰碑,它表明在民族生死攸关的决定性时刻,我党领导着广大人民群众,为谋求民族的独立和人民的解放,而英勇奋斗的伟大精神品质。

尽管革命和战争似乎离我们很远,但革命和战争中的红色之火却在代代相传,永不熄灭。"红色文化"可以培养高校大学生的革命精神、理想信念。"红色文化"的精神品质可以超越时空,教育高校大学生巩固革命理想信念,弘扬爱国主义精神,践行社会主义核心价值观。"红色文化"的超越性是"红色文化"作为高校大学生思想政治教育创新发展的重要教育资源的佐证。

"红色文化"是红色资源的重要形式,蕴含着丰富的红色基因,承载着永恒的红色精神,是不以时间和空间为转移的,可以超越任何时间和空间,展现其独特的精神价值,对促进高校大学生思想政治教育实效性的提高具有重要作用。

## 二、高校进行"红色文化"教育的意义

### (一) 有助于抵制错误思潮

随着社会的发展变迁,各种文化和思想鱼龙混杂,高校大学生走在接触新事物和接收新信息的前沿,他们的精神世界不可避免地会受到裹挟,一些错误的社会思潮也夹杂其中,如历史虚无主义和文化保守主义。虽然这二者看似不同,但事实上其本质都是对马克思主义,以及中国共产党领导作用的消解与否认,不利于高校大学生坚定马克思主义理想信念。"红色文化"是我们在革命与探索道路中形成的优秀文化,学习"红色文化"能够以史为鉴,资政育人,增强高校大学生的政治认同感,提高明辨是非的判断力。

## （二）有助于培育社会主义核心价值观

"红色文化"和社会主义核心价值观有相似的追求，那就是要实现中华民族的伟大复兴。除此之外，二者还有一个共同点，都是以马克思主义和中华优秀传统文化为思想基础，这就使它们有了共同的思想基石。革命人物和故事作为教育资源被生动直观地展示讲解，让学生感受"红色文化"中蕴含的强大精神力量，能够促使高校大学生对个人、社会及国家不同层面的价值观追求，进行更深层次的思考，涵育高校大学生社会主义核心价值观。

## （三）有助于树立文化自信

习近平总书记多次强调我们要增强文化自信，继承和弘扬中国优秀的传统文化，此外，实现更加坚实的"红色文化"自信也是必不可少的。"红色文化"中蕴含的坚定理想信念和丰富的民族精神，在革命道路上为我们指引了正确的方向，让我们在不断探索中形成了中国特色社会主义文化。将"红色文化"融入高校大学生思想政治教育，能够引导高校大学生感悟中国共产党和中国人民在革命征途中的艰苦奋斗历程，体会其中的价值意蕴，坚定文化自信。

# 三、高校"红色文化"教育存有问题与原因

"红色"在中国是有特殊意义的颜色，是无产阶级革命和高度政治意识的象征。正如习近平总书记所强调的："共和国是红色的，不能淡化这个颜色[①]。"红色不仅仅是一种颜色，更是一种在中国共产党带领下的中国革命、建设与改革中无可取代的政治象征意义。因此，红色在中国人民的印象中具有很高的象征意义，不仅代表着国家的信仰，而且代表着国家的历史沉淀。红色已成为一种政治意识。从这个意义上说，红色是历史的象征，象征着共产党人的一种意志、激情和力量，它已经成为中国人民实现中华民族伟大复兴的精神支撑。"红色文化"是培养时代新人、树立社会主义核心价值观、坚定文化自信的重要资源，弘扬"红色文化"对当代高校大学生开展思想政治教育、坚定理想信念、锤炼坚定的意志、提高综合素质等具有十分重要的意义。但随着社会的发展与变迁，也呈现出一些问题，作者将从高校、社会及学生三方面进行阐述。

## （一）高校角度

思想政治课是高校大学生接受思想政治教育的主要渠道，近年来，在党和国家的大力支持与引导下，不少高校开始重视革命文化资源的重要作用，但在思想

---

① 引于2019年8月20日习近平总书记参观中国工农红军西路军纪念馆时讲话

政治课教学中仍然存在着运用不足的问题。主要表现在以下三方面：第一，革命文化资源融入高校大学生思想政治课教学的内容零散，不够系统，教师在课堂教学中主动融入革命文化资源的意识有待加强，在教学过程中虽然引用了革命文化资源，但在讲解的过程中只是十分有限地把一些革命文化资源作为教学素材，把革命文化资源当作教学工具，没有对革命文化的历史背景、形成原因和具体内容进行深入的剖析和讲解，革命文化资源的教育功能没有得到有效发挥；第二，革命文化的网络教学资源运用不充分，随着"互联网+"时代的到来，习近平总书记强调："要运用新媒体新技术使工作活起来，推动思想政治工作传统优势同信息技术高度融合，增强时代感和吸引力[①]。"革命文化的网络教学资源如果能够用好用活，将会是思想政治课课堂教学的有益补充，对学生学习革命文化有重要的引导作用，但在思想政治课中革命文化网络教育平台和网络教学资源，如学习强国平台、党史教育的视频等并未被充分利用，浪费了优质的教育资源；第三，革命遗存的教育功能有待强化，革命遗存作为一种生动直观的教学资源，可以拓展思想政治课课堂教学的阵地，帮助学生巩固课堂上的学习成果，然而高校大学生很少能够走出课堂，去观看革命先烈、革命遗址和革命文物，对学习革命文化时遇到的重难点和疑难问题难以深入理解和掌握。

### （二）社会角度

实施"走出去"的思想政治教育战略，广泛倡导社会性力量对学校思想政治教育的承接与反哺，是进行思想政治教育学科建设与增强思想政治教育实效性的迫切要求。社会中涉及"红色文化"方面的教育的缺失，究其原因，在社会这个大环境中，有关"红色文化"的宣传弘扬的途径是比较单一的，完整全面的传播路径还没有完全疏通。除此之外，人们普遍将"红色文化"教育等同于红色景点旅游，大部分的红色旅游基地多带有商业化色彩，收取门票，在一定程度上减少了高校大学生游客的数量。还有就是政府对红色资源的保护与开发投入的资金还需增加，避免革命历史旧址丧失原本的精神风貌。

### （三）高校大学生角度

虽然当前一些高校已经开展了各类课程之间的协同教学，但实际上收效不大。仅靠在思想政治教育理论课教学中融入"红色文化"这一主要形式，还不能有效地在思想政治理论课课程之外的其他专业课程与校园文化环境等内容中都融入"红色文化"。"红色文化"要贯穿高校大学生思想政治教育的全过程，所以必须要

---

① 引于2016年12月7日习近平总书记在全国高校思想政治工作会议上的讲话

重视挖掘其他专业课中蕴含的"红色文化"元素。将他们渗透在高校大学生日常生活学习的方方面面，才能使高校大学生在一种真实、自然的状态下，自然而然地，由内而外地接受"红色文化"熏陶下的思想政治教育，树立起正确的世界观、人生观、价值观，这样才能担当起民族复兴的大任。

## 四、高校"红色文化"教育的应用路径探析

"红色文化"见证了我国革命解放与建设的光荣历程，具有先进性与科学性，是我国先进文化的重要组成部分。其中蕴含的价值取向、理想信念等，都是高校大学生思想政治教育中不可或缺的内容。

### （一）高校加强"红色文化"教育，发挥主阵地作用

大学是人生的一个关键期，在这方阵地中高校大学生将完成从"学校人"向"社会人"的过渡，他们的思想观念会发生巨大的变化。因此，要加强"红色文化"教育，引导他们了解国家革命与建设的历程，提升民族认同感，坚定同样的理想信念，更好地完成"学校人"向"社会人"的过渡。

1. 把握前进方向，紧跟党的脚步

要始终坚持党的领导，确保党的方针政策在高校贯彻落实，保证高校能够在纷繁复杂的国际形势与竞相迸发的各种思潮下健康发育，将高校建设成"红色文化"教育的主阵地。核心领导要认真贯彻党中央的指导，确保学校运行的大方向正确；高校辅导员应提升好自身的党性及红色素养，组织好和引领好学生在学习、生活、情感上的发展，做到春风化雨；设置好评价反馈机制，学校通过这一机制能及时接收学生对高校中"红色文化"教育的师资队伍、活动形式等各方面的评价与反馈。

2. 创新教学方法，充分调动课堂氛围

"红色文化"进入课堂教学是思想政治教育的主要途径，是高校大学生获得历史知识、继承中华民族优良传统、树立民族自信心和自豪感、培养爱国情感的主要渠道和来源。

首先，在专业课堂上，教师要发挥好主观能动性，在讲授专业知识的同时传递人文情怀，这就需要教师在备课时主动寻找与专业相关的"红色文化"资源，或者是该专业的学科发展史等，在课堂讲授中将其糅合进去，以提升学生的审美与素养。值得注意的是教师需要进行换位思考，从学生感兴趣的角度出发，做到锦上添花。其次，是改进政教理论课，即"两课"。教师要进行对教学方式的创新，

摒弃单向灌输的填鸭式教学，突出学生的主体地位，让学生围绕课题自己搜集、讨论"红色文化"相关内容，教师起一个牵引作用即可。此外，教师在课堂上要多借助多媒体，使用图片、视频等形式，以便使课堂的教学内容能更加形象地呈现给学生。

3. 润物细无声，营造红色校园文化

红色资源是本土高校建设红色校园文化的最主要的源泉。文化的影响是深刻绵长的，而校园文化则是高等院校的灵魂、一种强大的精神力量，所以营造红色校园文化势在必行。"红色文化"应该跻身校园文化的主力军行列。正视高校文化建设，先要夯实物质基础。利用好政府对校园物质文化建设的投入，科学规划、整体设计，围绕学校文化建设的总体方略，赋予每一座建筑以文化内涵，与当地的红色人文景观遥相呼应。其次，选出学生制作精良的革命志士的雕像、石刻陈列在校园中，张贴展示名言警句、红色故事的文字图片于校园橱窗中，校园广播设置红色板块，使高校大学生可以在学习生活中得到陶冶。最后，鼓励学生自发组织开办红色社团。红色社团体现着高校的"红色文化"底蕴，开展学唱红歌、共读红书、组团游览革命圣地这些回顾式活动，结合新时代典型代表如屠呦呦、莫言、女排教练郎平等的事迹，开展分享讨论会这些立足当下的活动，不仅促使高校丰富了思想政治教育的形式，又让学生独立自主地选择了感兴趣的红色活动，激发其爱国情怀。

## （二）社会助力"红色文化"教育，构筑良好的环境

社会是高校大学生学习与生活的一个大环境，是思想政治教育的关键之一，有着举足轻重的作用。因而社会要为高校大学生的思想政治教育营造出一个积极向上的环境，让高校大学生接受潜移默化地影响，需要做到以下几点。

1. 保护革命旧址

政府投入资金加大保护力度，与建立红色资源的保护机制相结合。由于以物质形态形式存在的"红色文化"是不可再生的，所以要保护好红色圣地、革命遗址、名人故居等红色历史遗留，并且政府要做好引导，鼓励高校积极参与"红色文化"保护活动的呼吁工作。

2. 开发红色资源

对"红色文化"资源的开发也至关重要，做到保护与开发并重。既要传承优

秀历史文化，也要立足当下展望未来，深层次挖掘革命志士的英勇事迹，赋予时代精神，利用高新技术，开发新形式引发学生的兴趣。

3. 实施红色景区优惠政策

免费或优惠开放纪念馆或景点等，组织与吸引高校大学生前往参观学习，更好地完成它们的教育使命。老革命基地可以为高校大学生提供暑期实践锻炼与培训的机会，向高校输送"红色文化"教育资源，在降低高校"红色文化"教育成本、减轻"红色文化"教学压力的同时，丰富思想政治教育的方式。

### （三）大学提升"红色文化"修养，做知行合一的人

高校大学生是否具有坚定的理想信念直接影响，甚至决定着国家的发展前景。充分明确高校大学生学习"红色文化"的内部动机，从自身实际需要出发，理论与实际相结合，提升自我修养，做到知行合一。

1. 学习研修理论知识，内化"红色文化"于心

学习研修理论知识是提升自我修养的主要途径。高校大学生要有效利用起高校中丰富的图书资源，通过在图书馆借阅大量的红色书籍，来增加自己关于"红色文化"知识的储备量，提高理论水平。但受这些知识本身的理论性和高校大学生自身的功利性等方面的影响，图书馆中有关中国革命题材的书籍的借阅量寥寥无几。因此，高校大学生要养成去图书馆借阅该类书籍的习惯，享受"红色文化"的熏陶，深谙红色革命精神，将书本中字里行间的"红色文化"内化于心。

2. 注重个人修养实践，外化红色精神于行

红色精神是中国共产党带领中国人民在革命战争年代造就的独具特色的精神文化。"红色文化"中蕴含的红色精神是抽象的，只能通过实践来使它具象化。让高校大学生在丰富"红色文化"的理论知识后，通过实践行动去外化，从书本走向革命老区、"红色文化"纪念馆等红色资源的现场参观、学习、考察，加深对"红色文化"的认识。

## 第二节 志愿服务教育与大学生思想政治教育

志愿服务的兴起是我国社会事业发展到一定阶段的积极表现，高校大学生成为志愿者队伍的中坚力量也是志愿服务事业可持续性发展的内在要求。

高校大学生志愿服务与一般的志愿服务有何不同，其表现出怎样的特征，涉

及哪些领域是我们把握高校大学生志愿服务的基础性问题。概念总是先于理解，如若概念模糊，理解自然不准确。因此只有从理解志愿服务的相关概念出发，概括高校大学生志愿活动的特征、类型，并在理论溯源的基础上阐明新时代鼓励、支持高校大学生志愿服务的合理性，方可确立研究论点。

## 一、相关概念界定

要理解高校大学生志愿服务，就要从与其相关的概念入手，明确各概念的内涵与外延，理解其在不同时代表达的含义，特别要对志愿精神与志愿服务的相关性进行解读。同时，经概念内涵的区分，确定志愿服务与高校大学生志愿服务之间的异同所在。

### （一）志愿精神

"精神"与"物质"相对，唯物主义视其为"意识"的同义概念，包括意识、思维、情感等有意识的内容和其他无意识内容，以及一些心理活动，是人内心世界的表现。黑格尔说"当理性之确信其自身即是一切实在这一确定性上升为真理性，亦即理性已意识到它的自身即是它的世界、它的世界即是它的自身时，理性就成了精神。"黑格尔理解的精神是理性的个体化，从而演变为自身世界的结果。所以精神既具有理论性也具有实践性。精神是运动的而非静态化存在的，是自我发展、自我复归、自我运动的辩证过程。

我国将志愿精神的内涵集中表述为：奉献、友爱、互助、进步。志愿精神根本上是相互关爱、互帮互助、奉献社会的自觉意识与精神理念，表达不求回报、自愿付出的高尚精神；无差别、平等爱人的大爱精神；助人自助、相互帮助的互助精神；自我提升与社会发展相统一的进步精神。它是志愿服务的灵魂与核心，是其持续开展的精神动力。高校大学生志愿服务既以志愿精神作为精神指引，同时也在发展中积极弘扬着志愿精神。

### （二）志愿服务

志愿一词，源于拉丁文"valoh"或"Velle"，本意为"决心、希望、渴望"。
中文里的志愿是由"志"和"愿"两个独立的字构成的，因此其含义包括两层，一是志向和愿望，二是期望和愿意，其在志愿服务中都有所体现。志愿服务在人类社会的起源较早，以往任何社会形态里都存在互帮互助的活动，乐于助人是中华民族的优良传统之一。但事实上最初的互助活动表现为帮助相对处于弱势地位的人，简言之就是扶贫济弱，重在"施予"，更多被称为慈善行为。现代意义上的志愿服务是延续助人、利他的优良传统，结合新的时代要求而发展的一项重要事业，根本上来说是一种利他行为，表现为人们一段时间内在公共而非私人的场合，不计报酬、自愿地为社会、为他人奉献个人的专业知识和时间，以帮助他人实现各自的所需。内涵更为丰富，不只关注志愿者对人的帮助，更加凸显了志愿者为社会提供的公共服务对促进人类社会进步、国家团结稳定及个体成长发挥的积极作用。尽管上述对志愿服务的界定不尽相同，但表达的基本精神具有一致性，强调利他、奉献、无偿，以及结果的公益性、有效性。因此可以将志愿服务理解为：任何自然人、志愿服务组织和其他组织在不为物质报酬、名誉或其他利益的前提下，本着利他的原则，为促进社会和谐、进步、发展，增进人类福祉，提升自我而自愿地奉献时间、技能、精力或其他资源的行为。其基本特征是无偿性、自愿性、公益性，按不同的标准可划分为多种类型。志愿服务本质上是一种劳动，由于参与主体是出于自由意愿，不受外在限制，因此这种劳动可以看作是对异化劳动的积极扬弃。

### （三）高校大学生志愿服务

如前所述，志愿服务是任何自然人、志愿服务组织和其他组织在不为物质报酬、名誉或其他利益的前提下，本着利他的原则，为促进社会和谐、进步、发展，增进人类福祉，提升自我而自愿地奉献时间、技能、精力或其他资源的行为。那么高校大学生志愿服务显然是以高校大学生为参与主体的。教育部印发的《学生志愿服务管理暂行办法[①]》中提到："学生志愿服务，是指学生不以获得报酬为目的，自愿奉献智力、体力、技能等，帮助他人、服务社会的公益行为。"高校大学生组织的志愿服务实践，是促进社会发展及高校大学生成长的过程。相关界定都强调高校大学生的主体地位，同时指明了高校大学生在参与志愿服务时要更多地奉献自己的知识与技能。也有人强调高校大学生志愿服务的组织性。

高校大学生志愿服务活动是高校大学生思想政治教育的生动实践，也是促进高校大学生成长成才的有效途径。组织好、开展好高校大学生志愿服务，是实现高校大学生个人价值、社会价值、人生价值的重要实践，也是推动建设文明校园、构建社会和谐，践行社会主义核心价值观的重要渠道。

---

[①] 教育部.学生志愿服务管理暂行办法.2015.3.16

## 二、大学生志愿服务的类型

### （一）长期稳定型

这一类型的志愿服务从时间上来看，持续时间较长，属于经常性、连续性开展的志愿服务，一年一次或一年几次，年年连续而不间断，因而更具有稳定性。同时，志愿服务的对象面向社会大众，以提供公共服务的形式惠及广大社会成员，故称之为长期稳定型的公共服务类志愿服务。

### （二）突发即时型

这类志愿服务从时间上看，持续时间较短，属于暂时性的服务，强调即时性，多为应对重大突发公共事件时发起、组织的志愿服务，通过迅速协调配置组织起来的人力、物力资源，达到防范化解风险与危机的效果。重大紧急事件的爆发会极大地激励社会公益行为和大众性志愿服务。突发公共事件具有突发性、群体性、危害性特征，涉及面广，影响力大，一般指会对人民生活、社会秩序、公共安全产生巨大影响甚至引发危机的紧急事件，包括自然灾害、安全事故及其他具有破坏性的事件。突发事件的应急管理对稳定社会秩序、维护人民安全至关重要，因此即时性志愿服务也就不可或缺。而当祖国和人民面临危机时，高校大学生志愿者也可以即刻参与到应急救援服务中。

### （三）应需活动型

这类志愿服务源自国家、社会及特定群体或组织的活动需要，从时间上看，其服务时长取决于活动周期的长短。参与者的任务在于配合活动顺利进行，圆满完成，是志愿者以自身的知识、技能提供帮扶、支持的志愿服务，灵活性较强。

### （四）特定项目型

这类志愿服务突出的主要特征在于项目化，因项目运行的时间差异，志愿服务的时长也不尽相同。志愿服务项目既可以是切实贯彻国家决策部署的选择，也可以是特定组织结合现实需要所发起的。以特定项目的形式开展的志愿服务，以特定的志愿者群体为主体，其结果也会有特定的受益群体。

## 三、大学生志愿服务与思想政治教育的关联

### （一）适应了思想政治教育的创新发展需要

思想政治教育的创新发展是参照传统思想政治教育，以现代思想政治教育为

指向，促进其教育内容、观念、方法、体制等方面的现代化。社会现代化要求"传统人"向"现代人"的转换，要求价值观念、精神状态、行为方式彰显现代特质，这势必需要思想政治教育的现代化发展。高校大学生志愿服务与思想政治教育的共通性表明其与思想政治教育具有交叉、重合的地方，基于这点，二者在发展过程中会产生积极的互动，相互促进，提供发展动力。志愿服务以其实践性、广泛性吸引社会成员参与、认可社会服务事业，实际上适应了思想政治教育的发展需要，助力实现思想政治教育目标。

1.思想政治教育内容优化的需要

思想政治教育内容指教育者依据社会要求，期望传递于教育对象的具有思想、政治、价值引导性的信息，决定着思想政治教育方法与载体的选择。多元、开放的文化生态下，不同来源、不同立场甚至不同背景的文化观念相遇在中国，便会引发文化同一性与文化差异性的冲突和矛盾，引起社会成员间价值观念的交锋。为应对思想观念的冲突、博弈，思想政治教育需要优化内容结构，高校大学生志愿服务既可以为其增添新的内容元素，又可以促进既有内容的层次化表达。

2.思想政治教育方法协调的需要

思想政治教育的方法选择、运用、创新关系到思想政治教育目标的实现，对思想政治教育而言，不仅要提出教育任务、教育目标，更要有效地解决教育方法问题，没有方法的选择与设计，任务与目标就无法落地。复杂的社会条件下，教育对象的思想行为主要特征及思想道德实际呈现层次化、复杂化、不稳定等特征，思想政治教育面对的内外部环境急剧变化，效果欠佳的表现时而可见，迫切需要协调运用多种方法以有效地达到预期效果，而高校大学生志愿服务不失为好的选择。

### （二）为大学生志愿服务提供重要支撑

思想政治教育不仅面向人，更面向社会。其与社会各系统、业务工作的互动关系表现为：一是服从一定社会政治、经济、文化发展的要求，二是服务于社会的经济、政治、文化。促进政治、文化、经济的发展是思想政治教育的基本职责。高校大学生志愿服务是一项重要的社会事业，但其不能自己决定发展方向，要实现可持续性发展，必须与其他各项事业同向而行，这一方向的指引则要靠思想政治教育。同时，高校大学生志愿服务发展的关键在于人的积极有为，在于人的支持认同，思想政治教育能作用于人，充分调动人积极的因素。所以，思想政治教育为志愿服务提供了重要支持。

### 1. 引导高校大学生志愿服务的发展方向

引导高校大学生志愿服务的方向是思想政治教育意识形态性、目的性的鲜明体现。毛泽东主席曾说，政治工作和思想工作，是完成技术工作、经济工作的保证，它们服务于经济基础服务。思想和政治是灵魂，也是统帅。因为一切工作本不具有阶级性，但其与生产关系、上层建筑相连时，发展方向的重要性就凸显出来了。

志愿服务属于全世界共同的精神财富，但各国的志愿服务却反映了各国特有的传统文化、社会制度、发展阶段及其主要特征。高校大学生志愿服务是中国特色志愿服务事业的重要构成，这一本土化、特色化志愿服务的发展离不开思想政治教育的方向指引。

### 2. 培育高校大学生服务社会的价值追求

新时代，高校大学生志愿服务已被纳入国家发展战略及社会发展规划，其服务社会需要的责任日益凸显。功利化、形式化的志愿服务对高校大学生无持久的吸引力，其本身也不具生命力。思想政治教育能引导高校大学生端正思想，厘清人与社会的依存关系，自觉将服务社会作为价值追求。而这就为高校大学生志愿服务培育了源源不断的高校大学生志愿者力量，由此可促进其持续健康地发展，增强吸引力、生命力，进而吸纳更多热心奉献的高校大学生有序参与。

### 3. 涵养社会个体积极的道德情感

高校大学生志愿服务以不同群体为关怀对象，延伸道德关怀边界至除个人之外的其他群体及整个社会，彰显了社会道德指向，是一种公共生活中的道德行为。高校大学生志愿服务的公共性，决定了它需要获得除高校大学生志愿者外的社会个体的认可、支持。根源于人自身内在精神需要的道德情感，始终维系着道德意向，促使我们不断地去践履道德法则。当前社会中不乏在认知上明了道德，在情感上漠视道德，在行动上排斥道德的人，所以培育社会个体积极的道德情感，消解道德冷漠感，才能为高校大学生志愿服务赢得社会支持。思想政治教育能通过弘扬主旋律，引导舆论走向，从而感化社会个体的心灵，陶冶其积极的道德情感。

## 四、发挥思想政治教育功能存在的问题

### （一）价值取向上育人理念尚未充分体现

作为一种利他行为，志愿服务表达着人们服务他人、奉献社会的崇高精神追求，

价值取向上尊崇助人为先。最初志愿服务的兴起源自帮助困难群体摆脱困境的实际需要。丁时照曾称赞广大志愿者，义工联理事会统筹志愿服务，以不同形式展开特困人士服务、专业技术服务、青少年服务，支援、帮助有不同需求的群体、个人，让爱心落到实处。从传统的慈善互助行为到现代志愿服务等组织化的公益行动，都蕴含助人的根本目的，为的是有效地解决社会问题、帮助困难群体、改善民生。但同时我们也看到，志愿者的身影不单单活跃在民生领域，不止服务于困难群体，也在生态环保、大型活动中大放异彩，高校大学生志愿者更是涉足教育、卫生、生态、应急救援、国际事务等服务活动。因此，对志愿服务的认识要随着社会存在的变化而变化，特别是对高校大学生志愿服务的认识，一定要从助人功能转向其在育人层面的重要价值。高校大学生本就是重要的受教育群体，是社会主义建设者和接班人，对其的教育引导一刻也不能放松。因此，高校大学生参与志愿服务自然不能只是"走马观花"似的单纯提供服务，而是将服务与教育相统一。

### （二）活动规划中未充分考虑主客体特征

从人类认识和实践的角度看，只有人才是唯一的、终极的主体。马克思强调，真正的唯物主义是要坚持从人的实践出发，从主体的角度去认识、改造世界。但事实上主体与客体是对立统一的，没有客体，也就无法形成主体的客观认识。因此，人的实践一定是主客体相统一的能动性实践，那么把握主客体的特征才能发挥主客体作用，以完整、有效的实践活动实现预期目标。高校大学生志愿服务是主客体有机统一的社会实践，其主体是提供服务的志愿者及相关工作人员，如志愿者、志愿服务组织者等。高校大学生志愿服务的客体指相对于上述主体而言的服务对象，以及志愿服务活动等客观性存在。将服务对象视为客体并非否定他的主体性，而是以服务活动为基本情景，从提供服务者的主动性、主导性特征角度，将其当作提供服务者的认识对象。主客体相互转换的原理表明没有永恒的、绝对的主客体区分，因此将服务对象视为客体只是为了更好地把握其与主体不同的特征。"人类实践的'成功'证明我们的表象与我们所感知事物的客观本性相符"。成功的志愿服务应当是满足服务者、服务对象现实需求的有效实践，因而对主客体特征的全面、综合性认识自然是前提性条件。

### （三）缺乏对高校大学生志愿服务的理论研究

自2008年奥运会的志愿服务后，各类志愿服务如雨后春笋般蓬勃兴起，高校大学生志愿服务逐渐成为中国特色志愿服务的亮点、焦点，较之其他类别的志愿服务它显得与众不同。由于高校大学生群体具有自身思想行为多元多变、价值观尚未定型的特征，他们参与志愿服务的方式、时间等与一般志愿者自然不同。因此高校大学生开展的志愿服务具有更多复杂性、易变性。同时，作为发展时间尚不久远的一类志愿服务，仍有很多亟待关注、有效解决的问题。内外部多变的环境也需要我们深化对高校大学生志愿服务的理性认知，研究其发展规律，从理论层面对高校大学生的服务实践予以指导。理论与实践统一的原则要求我们要根据实践发展和时代变化，总结经验，不断深化认识，从而促进实践创新和理论创新的良性互动。因此，只有高校大学生志愿服务的理论研究与实践发展相辅相成，才能最大限度地发挥功能。

### （四）思想引导不足

人与社会环境是相互交融的，人不能脱离环境对其的影响。社会大众为何没有全力支持高校大学生志愿服务，赞赏高校大学生志愿者的积极表现？高校大学生又为何不能持续性参与志愿服务活动，在其中发光发热呢？这与主体本身对高校大学生志愿服务的看法有关，对其无知或一知半解，或错误认知都将阻碍他们理解、认同、参与高校大学生志愿服务。实际上，志愿服务蓬勃发展的态势与其教育宣传力度并未匹配，存在宣传跟不上实践发展节奏的问题，对高校大学生志愿服务信息的传播相对滞后，未形成主流引导，于是其重要性未能彰显，感召力仍然不足。

### （五）活动激励有待提升

志愿服务保障的目的在于保障志愿者的基本权益，有效地解决服务对象所需，增强志愿服务实际效益。由于志愿服务本身的公益性、无偿性、自愿性特征，其不以营利为目的，所以仅靠组织内部成员支持难以维持生存发展。对高校大学生志愿服务而言，高校大学生自身阅历与能力的限制急需外部的社会支持予以帮助、指导，激励其持续参与、热心参与、有效参与。但当前对高校大学生志愿者及其服务活动的保障相对不足，物质支持力度小，法制保障尚不健全，考核激励仍需完善。致使高校大学生志愿服务缺少必要的激励，其功能、价值发挥受限，活动效能仍未落到实处。

## 五、促进大学生志愿服务发挥思想政治教育功能的路径

### （一）提高思想认识

1. 坚持助人与育人相统一

生产劳动、社会实践与教育相结合，是现代社会发展规律、现代教育规律的客观要求，也是马克思主义教育学说所强调的教育要求。高校大学生开展的志愿活动无疑是这一结合形式的典型代表，对高校大学生而言实现了服务实践与学习教育相统一，对服务对象而言实现了受助与受教育的统一，对整个社会而言可引导文明风尚、弘扬真善美。现实中割裂助人与育人的做法所致的不良后果告诫我们要坚持二合一的价值取向，科学把握高校大学生志愿服务的功能定位。

2. 以主客体特征为前提优化发展规划

伴随着社会的进步发展及社会各界对高校大学生志愿服务的关注支持，高校大学生志愿组织日益增多，活动数量显著提升，但优与劣、精与糙共存的现象要求我们改进不足，扬长避短。有的志愿者有事做不完，有的志愿服务组织无事可做，这反映出志愿服务需求与供给的差异，也暴露出志愿服务规划不足的弊病。因此，要完善高校大学生志愿服务的发展规划，促使其向制度化规范化发展，切实贯彻育人职责。

3. 加强志愿服务的思想政治教育功能研究

不断总结经验、深化认识，促进实践创新与理论创新的良性互动，才能促进志愿服务在理论指导下走内涵式发展道路。高校大学生志愿服务与中国的救济互助等传统一脉相承，得益于马克思主义理论、中国共产党实践育人思想的指引，也借鉴了西方国家的有益经验。实践必然离不开理论的科学指导，更好地发挥高校大学生志愿服务的思想政治教育功能，需要我们从理论层面深化研究，总结规律，为功能发挥探索新思路、新方法。

### （二）深化志愿服务宣传教育

高校大学生参与志愿服务所发挥的积极作用已通过各类活动的实际效益体现，但现存的对其片面、错误的认识仍然成为阻碍社会大众认可、支持高校大学生志愿服务的消极因子。因此需加强志愿服务宣传引导，营造健康积极的舆论氛围，凝聚共识。对此，各媒体承担着重要的职责，应当"守土有责、守土尽责"，传播正能量。同时，高校要切实贯彻立德树人的职责，从教育层面强化思想引领。

### 1. 弘扬宣传志愿服务精神

志愿服务精神是志愿服务核心要义的凝练表达，昭示着人类美好的愿景。在现代社会，志愿精神是一种不求回报与私利的社会理念，其作为精神性的存在，能够充盈精神世界，凝聚人心。这种彰显善与爱的理念理应得到弘扬，它关乎高校大学生志愿服务价值认同的建构，关乎志愿者服务热情的激发与保持，因为精神的力量最持久、最坚定。虽然对志愿精神的弘扬从未间断，但有待加强，需从细处、深处着手，真正使其深入人心。

### 2. 推广志愿服务先进经验

高校大学生志愿服务在各地区各高校的发展不尽相同，其在差异的基础上形成各自的特色、优势，促进高校大学生志愿服务的协同、有序发展。需要加强地区间、高校间的志愿服务交流借鉴，坚持互补促进原则，推介成功的高校大学生志愿服务项目与先进经验，推动形成具有中国特色、立体化的志愿服务体系。

### 3. 强化志愿服务动机引导

志愿服务动机对志愿行为具有重要影响，是主体与志愿行为之间的中介。不同个体做出类似的志愿行为证明：志愿服务满足了志愿者不同的动机需求，其对行为的产生具有指引、激活、导向作用。自利、利他动机自然诱发不同的主体行为，志愿服务是利他的慈善行为，却也对志愿者自身产生积极影响，可以说是利己与利他相统一的社会实践。针对高校大学生正向动机与功利动机并存的现象，需强化对高校大学生的动机引导，动员高校大学生群体积极、持续地参与志愿服务。

## （三）完善志愿服务管理体制

没有规矩，不成方圆，志愿服务管理对志愿者、志愿服务组织极其重要。完善高校大学生志愿服务管理的目的在于鼓励志愿者高效、积极地投入组织工作，提高志愿服务整体工作质量，帮助志愿者发展进步。为使高校大学生志愿者自我锻炼、自我管理、自我服务之诉求得以满足，充分发挥志愿服务对高校大学生的教育影响，需强化各环节管理，激励其行为习惯的养成与转变。

### 1. 规范招募标准

思想态度端正，政治立场坚定是对每个公民的基本要求。作为一名志愿者，更应坚守奉献、服务的初心，将志愿服务视为个人的责任、义务积极参与。为避免"假志愿者"流入志愿服务的行列，影响志愿服务成效，就需严格考量高校大学生志愿者的思想政治素质，选择认同主流意识形态、具备积极社会心态的爱心人士补充到高校大学生志愿服务的队伍。

2. 充实培训内容

志愿服务培训对高校大学生志愿者的意义在于为其传授、讲解完成志愿工作所需的知识、技能、能力和态度，协助志愿者提供专业服务，贴近服务对象之需求。除志愿服务组织有意识向志愿者提供必要的培训外，大部分高校大学生渴望通过组织、团队的培训获得知识、技能的提升，所以培训对于高校大学生志愿者而言既是储备服务技能的过程，也是自我提升的过程。为充分满足高校大学生志愿者自我提升的诉求，同时提高其志愿服务质量与水平，急需充实志愿服务培训的内容。

## 第三节 职业生涯教育与大学生思想政治教育

### 一、职业生涯教育和思想政治教育相融合的重要性

#### （一）帮助大学生树立正确的就业观

职业生涯教育的主要目标就是帮助高校大学生科学定位，并根据自身的实际能力及兴趣爱好等为自己规划出清晰的职业方向，防止在就业或者择业的过程中出现盲目或者懈怠等情绪。将思想政治教育与其相融合，能够引导高校大学生及时反思自身的能力和水平，并从社会需求、就业竞争等方面，对自我规划有清晰的定位和目标，并从思想认知的层面树立正确的就业观，以积极向上、更加成熟的心态投身到社会中，为祖国的现代化建设贡献力量。

#### （二）帮助大学生明确就业目标

在传统的高校教学中过于重视对学生理论知识的讲解和考核，忽视了学生的实践应用能力及综合素质等，导致学生步入社会之后无法将理论知识灵活地应用到工作岗位中。将思想政治教育融入职业生涯教育，可以提高学生的思想意识及政治意识，引导学生端正行为习惯，养成良好的职业素养及政治素养，为以后的职业生涯奠定良好的基础，并完善就业导向，在职业生涯中发挥最大的价值。

## （三）帮助大学生明确社会职责

职业生涯教育不仅仅为学生提供就业指导，同时还可以让学生能够更好地融入社会建设中。通过思想政治教育和职业生涯规划教育的有效渗透，使得高校大学生对未来职业的规划更加科学化与合理化，并能够制定适合的发展目标，进一步明确了社会职责，极大地激励了高校大学生努力奋斗，鼓励高校大学生以饱满的热情融入工作中，强化了高校大学生的奉献精神，促进高校大学生实现全面发展。

## （四）强化学生的自我规划能力

近几年互联网技术发展迅猛，各类网络媒体蓬勃发展，高校大学生已经成为网络时代的主力军，但与此同时，我们也看到了网络的普及带来新的问题。高校大学生通过网络能够获取各类信息，当然还可以使用网络进行学习，同时智能手机的娱乐功能越来越强大，学生的个性化特征也是越来越明显。高校大学生精力旺盛、好奇心重，容易受到网络上各类娱乐的诱惑，每天的上网时间已经影响到了学习，简而言之就是学生的自我控制能力和规划能力较差。在职业生涯教育中加入思想政治教育，可以让学生学会正确认识自我优缺点，对自我进行科学判断，培养正确的认知力，促使学生合理规划职业发展，帮助学生积极主动地参与到职业规划中，学会制定符合自身发展的职业目标，找到一条符合自己的个性化发展道路。只要懂得评估自我价值在社会发展中应该发挥怎样的作用，学生就会合理控制网络娱乐的时间，将更多精力用在职业发展上，利用网络学习职业所需的知识和技能。

# 二、职业生涯教育与思想政治教育相融合的现状

在日益激烈的社会竞争中，职业规划教育发挥了十分重要的作用。其为学生提供了清晰的就业规划，防止了学生的盲目性，同时在企业的高要求下，增强学生的思想政治教育，更有助于提升高校大学生的竞争实力。虽然目前很多高校都意识到职业生涯规划与思想政治教育相融合的重要性，并开展了多种形式的融合教学活动，满足了学生对职业发展，以及心理、思想、情感等方面综合发展的需要，但是在日常的教学中仍然存在不足之处。首先，部分高校将精力放在对学生就业率和升学率的提升中，过于注重对学生专业理论方面的培养，对学生的思想素质和政治素养方面的培养有所忽视，职业生涯规划教育与思想政治教育的融合性还不够高，两者之间难以形成有效的渗透，很多教师缺少清晰的融合目标；其次，在职业生涯规划中，对思想政治内容的渗透还停留在表面，不够深入，导致学生

对思想政治学习的积极性不高，甚至部分学生存在错误的认知，认为在大学期间掌握专业知识和技术技能就能找到好工作，忽视了对思想政治课程的学习。

除此之外，目前很多高校并没有制订完善的思想政治教学与职业生涯教学融合的教学体系，对学生的职业发展档案的管理还不够全面。在构建教学体系时，并没有结合现阶段企业和市场对学生的需求，学校与企业、社会之间的协作性不强，导致了教学体系不科学、不合理的现象出现。此外，在职业生涯教育和思想政治教育融合的过程中，缺少多元化的实践教学活动，大多数教师将其停留在理论层面中，设置的实践活动较少，教学的氛围比较沉闷，学生的学习热情也不够高涨，因而就会影响到教学效率的整体提升。在职业生涯教育中，教师需要引导学生亲身感受工作岗位的环境和氛围，积极地与其他同事配合，搭建和谐、温馨、稳定的同事关系，这样才能够发挥出最大的价值，实现个人的目标，但是由于校企合作还不够深入，学生的实践活动和实训内容相对比较狭窄，因此就会影响到思想政治教育和职业生涯教育融合的效率；加上教师在教学中与学生之间的互动比较少，对学生的心理特征，专业技能及兴趣爱好等方面还不够了解，因此设置的教学方式与学生的成长和发展不相适应，反而会影响到教学的效果最大化，在思想政治教育和职业生涯教育中，如果难以展现出学生的主体意识，就很难提升融合的效率。

## 三、大学生职业生涯教育与思想政治教育融合育人的途径

### （一）加强思想政治教育

（1）要让高校职业规划教育工作者对思想政治教育的作用有深刻的理解，并融入日常具体工作中。

（2）要将融合新理念贯穿教学和管理全过程，不仅要求高校大学生职业生涯规划教育工作者要具备融合理念，其他高校教育工作者也都应树立这一新理念。要将融合理念融入开学教育、职业规划、主题班会、专业教学等各个方面，在开学就要引导学生树立远大理想，主题班会教育学生把个人奋斗目标和社会发展联系在一起，专业教育更要把学生职业发展和国家、社会的发展相互融合，充分体现思想政治教育的协同育人作用，最终实现育人的全过程覆盖。

### （二）完善工作制度

在传统的高校职业生涯教学中，教师的教学思路及教学方式都比较陈旧，很多教师会在课堂上对学生进行灌输式的理论讲解，阻碍了思想政治教育和职业生

涯教育的相互融合。高校需要按照学生的实际情况及专业特色等，构建完善的教学制度，促进两者之间的高度融合。举个例子，为学生构建职业发展档案，将学生的教育经历、专业素质、实践能力及奖惩情况等记录下来，在学生构建职业发展方向时，就可以对学生有全面地了解，使职业发展计划更完善。此外，高校还应该为学生提供丰富的职业规划活动，或者邀请企业骨干、专家等为学生开展职业指导专项讲座等；还可以通过职业规划大赛、创新创业大赛、模拟面试等活动，充分调动学生的积极性，增强学生的职业自信，进而收获更多的职业经验；从竞赛和模拟活动中，引导学生积极分析自身的不足，进而积极纠正错误的思想认识，全面提升学生的综合素质。创新创业已经成为时代的主题，在职业生涯教育的过程中，渗透思想政治教育的内容，就需要引导高校大学生积极创新，主动创业，实现自我价值，为我国的现代化建设提供更大的动力；同时高校还需要为学生提供更多的创新平台和创业扶持，并通过创业咨询、创业孵化等形式，充分调动高校大学生的创业积极性。在职业生涯教育中，教师要及时与学生进行交流，明确学生在职业规划中存在的问题，并从学生的思想观念、意识形态等方面，纠正学生错误的认知，让学生能够明确职业生涯规划的重要价值，并提升自我认知，展开自我管理和自我约束，强化高校大学生的自控能力。

### （三）强化沟通机制

想要实现高校大学生职业生涯教育与思想政治教育的有效融合，就要进一步完善沟通机制。只有实现了有效沟通，做到充分沟通，教育工作者才能及时发现开展融合工作中存在的问题，促使教育工作者进一步完善教育教学方案，弥补现有教育方法中存在的不足，让高校大学生职业生涯和思想政治教育教学水平不断提高。完善沟通机制，一是要建立学生与教师之间的良好沟通关系，教师要掌握更加全面的业务知识，为学生创设出良好的职业规划教育场景，运用思想政治教育手段弥补职业生涯教育的不足。教师不仅要教导学生正确评估个人实际情况，而且要因生而异，了解学生个体之间的差异，指导学生制订个性化的职业发展规划。二是要完善家校沟通联系制度，引导家长树立融合意识，形成正确的教育理念，为学生职业生涯规划提供一个良好的家庭环境。教育工作者要给家长进行学生职业生涯规划的疑难解答，让学生家长进一步了解专业发展、企业行业情况，引导家长在学生职业发展上给予物质上、精神上的支持。三是要发挥教育工作者的桥梁纽带作用，要把融合理念融入实际工作中，教师是关键环节。教师既要面对学生，又要直接面对家长，在学生职业生涯教育中教师就是领路人，教师要在家长和学生之间进行有效沟通,力促融合取得效果,引导学生树立正确的价值观、就业观。

**(四)发挥德育功能**

高校要坚定不移地贯彻党的教育方针,为中国特色社会主义事业培养合格建设者和可靠接班人,为实现中华民族伟大复兴中国梦不断培育人才、输送人才,就要发挥德育的功能。当代高校大学生要是缺乏基本的道德品质,哪怕学生的学识再高、技能再好,他们也难以取得较大的成就。开展高校大学生职业生涯教育就要贯彻立德树人的根本任务,将社会公德、职业道德、家庭美德纳入学生职业生涯教育,教育学生将德育融入个人的社会环境分析、职业环境分析、自我综合评估、职业目标选择、职业规划方案制订、职业发展执行等全过程,动员教育工作者和各个部门一起参与到学生职业生涯教育工作中,组建校内外育人团队,形成全员育人、全程育人、全方位育人的工作格局。还要顺应网络技术发展的实际,充分利用互联网技术,构建网络德育阵地,将职业生涯规划教育引入网络,为学生获取信息提供更加便捷、有效的渠道。高校大学生只有具备了良好的道德品质才能在职业发展道路上走得更远,在职业发展高度上站位更高。

**(五)在职业生涯教育中融入大思想政治的教育观念**

人是影响教育成效的最终决定性因素,思想与理念是影响人行为的关键性因素。若想真正切实贯彻思想政治教育在高校大学生职业生涯教育中的影响作用,强化职业生涯育人效应,就要从本质上有效地解决人这一影响因素,并疏通人的思想理念。高校与教育工作者均应明确大思想政治教育观念,以思想政治工作领导校内各项工作的开展,这是教育工作的根本要求。首先,教师应积极思考,提高课程影响力。应精准掌握社会市场环境的变化情况,积极延伸教育平台,切实贯彻"走出去"发展战略,推动校内课堂教育和现实的对接。同时,教师还应积极创新教育思路,明确认知学校培育的人才终归会流入社会,并为社会各领域发展服务,根据这一观念展开职业生涯教育与思想政治教育的融合,重视激发教育课题能动性,令其进行自我教育。其次,借助校内广播、讲座与海报等信息传播媒介,宣传高校大学生职业生涯教育内容、重要性与价值,促使教育主客体掌握教育意义,为有效开展二者的融合教育奠定基础。

**(六)充分利用新媒体环境助推就业指导教育**

当前,互联网技术快速发展,新媒体发展也越来越成熟,对当代高校大学生产生较大的影响。加上电子产品的普及使用，高校大学生平时所接收的信息几乎都来源于互联网。因此，在当前环境下，高校就业指导教育可以充分利用新媒体网络传播来引导学生。一方面，利用新媒体平台对学生进行理想信念教育，通过新媒体网络中外国先进文化和中国共产党理想信念教育，对高校大学生进行就业指导教育。通过新媒体网络，高校大学生能够了解更多的就业知识，更加了解目前社会对就业人才的要求，从而使自己更加有针对性地提升自身理论和技能的学习，更加明确就业理念和形成良好的就业观念。另一方面，高校大学生接触的电子信息范围广泛，形式多样，信息良莠不齐，需要学生自行辨别有益信息，关注积极向上的媒体信息，关注对自己有益的信息，提升自身能力，提高就业率。在这一过程中，高校思想政治教育就需要发挥它的作用，充分利用新媒体平台，将正确的价值观渗透到高校大学生的思想中，引导高校大学生树立正确的就业观。

## 第四节 中华优秀传统文化与大学生思想政治教育

### 一、大学生思想政治教育的概念与特征

#### （一）高校大学生思想政治教育的概念

思想政治教育属于一种社会实践活动，其主要特征有超越性、目的性。其主要指一定的阶级、社会群体有计划、有目的、有组织的对其成员产生影响，通过所谓的道德规范、政治观点来完善人们的思想品德，且满足阶级、社会的发展规律。通常情况下，人的主体性，以及社会的不断发展都会使这种实践活动发挥着强大的作用。可以这样认为，在社会生活中思想政治教育这项特殊活动具有多因素、多属性的特征。

高校大学生是"中国梦"的圆梦人，对未来我国经济、政治、文化的健康发展将发挥重要作用。高校大学生思想政治教育是指以高校大学生为教育对象，以高校为主要场所，以主流价值观念、政治观点、道德准则和行为规范为教育内容，在遵循高校大学生思想品德形成发展规律的基础上，促进高校大学生由思想观念到行为方式转变的教育实践活动。

#### （二）高校大学生思想政治教育的特征

第一，高校大学生思想政治教育的政治性。思想政治教育一直是我党的优良传统，为了强调这一实践活动的重要性，毛泽东同志曾明确表示思想政治工作就

是"党的生命线"。

第二，高校大学生思想政治教育的针对性。分析当代高校大学生的思想道德状况，发现其所处时代的特征使他们的思想先进，敢于奋斗，积极创新，可是由于复杂多变的社会形势，造成一些不健康思想对新一代青年产生了影响。必须要以科学的角度来分析当代高校大学生的思想状况：表面上，高校大学生目标确定；整体上，高校大学生思想情绪稳定；深层次上，高校大学生较为迷茫。他们身上突出的主要优点有：具有较强的自我意识、创新能力、成才意识。当然也存在很多缺点：缺乏一定的自我控制能力、心理素质能力、集体观念。为了能够达到良好的思想政治教育效果，十分有必要对教育对象的思想状况进行全方位且深刻地了解。

## 二、中华优秀传统文化融入大学生思想政治教育的必要性与可行性

### （一）中华优秀传统文化的价值

#### 1. 蕴含中华民族传统美德的人格修养

中华传统文化一大核心内容就是儒家文化，儒家文化的核心就是伦理道德，这样来看中华传统文化正是传统美德的集中体现。孔子强调必须要在知识学习之前修养个人品格，"弟子入则孝，出则弟，谨而信，泛爱众，而亲仁，行有余力，则以学文"。《资治通鉴》中，司马光也曾论述衡量一个人要以德行为本，"才者，德之资也；德者，才之帅也"。"仁、义、礼、智、信"正是儒家道德的集中体现。现阶段实现自身发展也必须要完善人格修养，学习和积极传承中华民族传统美德。高校育人的根本目标是实现"立德树人"，重在培养具有较高道德水平的高校大学生，这与中华优秀传统文化强调完善人格修养相一致，能够起到极大的推动作用。

#### 2. 以爱国主义为核心的民族精神

在整个中国传统文化之中始终贯穿着爱好和平、团结统一等中华民族精神，作为传统文化的核心的爱国主义精神在现代思想政治教育中也发挥着至关重要的作用。一方面能够让学生通过多种艺术形式来了解传统文化的深刻内涵，有利于增强文化意识和提高使命感；另一方面帮助学生建立独特且深厚的民族情感。在展开思想政治教育实践的活动中，主要形式包括学习唐诗宋词等文学作品，感受民歌、曲艺等民间艺术。通过以上实践活动能够帮助学生提升民族意识，深化爱国主义教育。以爱国主义为核心的民族精神是当代高校大学生培养的重要内容，与中华优秀传统文化的爱国精神一脉相承且具备独特的时代特征。我国高校十分重视高校大学生的社会实践活动，开展中华优秀传统文化教育工作，能增强高校大学生责任意识及爱国精神。古代有许多文人志士都对爱国主义精神进行了歌颂，例如，杜甫的"国破山河在，城春草木深"，屈原的"亦余心之所善兮，虽九死其犹未悔"，文天祥的"人生自古谁无死？留取丹心照汗青"。

#### 3. 自强不息的崇高理想信念

"天行健，君子以自强不息"[①]。从古至今，中华民族始终推崇的理想信念及道德传统就是自强不息。做人要有坚韧不拔，敢于拼搏的精神。"天将降大任于是人也，必先苦其心志，劳其筋骨，饿其体肤，空乏其身，行拂乱其所为，所以

---

① 引于《易经》

动心忍性，曾益其所不能。①"此类精神也曾被孟子和孔子积极倡导，"发愤忘食，乐以忘忧，不知老之将至云尔。②"现阶段，实现中华民族伟大复兴的中国梦是我们的最终理想，这一理想需要全国各族人民不懈奋斗，顽强拼搏才能够实现。优秀传统文化自强不息的崇高理想信念，体现了我国人民自古以来的奋斗精神，这对激励当代人民团结奋斗有着十分重要的意义。

## （二）中华秀传统文化融入大学生思想政治教育的必要性

### 1. 有利于传承中华民族的优秀传统文化

中华传统文化一直是传统教育的重要手段，讲究因材施教、有教无类、尊师爱生等，同时也是传统教育的主要内容与材料。

文化传承对任何一个国家来讲都是至关重要的。对于拥有高素质、高文化底蕴的高校大学生而言，他们有必要且有能力承担起中华优秀文化传承这一伟大任务。对于高校而言，为了充分发挥中华优秀传统文化的教育作用，应该将其作为思想政治教育的一大重点，让更多优秀的高校大学生能够积极担负起这一责任，使中华优良传统发挥至极致。我们需要深知，国家的灵魂就是传统文化，因此也产生了伟大的民族精神，如果高校大学生这一优秀群体能够积极投入到传统文化的探索和学习环节当中，不论是对于个体能力还是社会发展都将会产生极大的推进作用。

### 2. 有利于丰富高校大学生思想政治教育的内容

中华优秀传统文化是几千年来中国人的智慧结晶。所以在对高校大学生展开思想政治教育时，应该将不同的哲学思想、观点充分融入进去，有利于教育资源的丰富、高校大学生思想政治水平的提升。同时不论是在社会生活、现代文化、还是个人建设环节中都可以充分应用传统文化，发挥其最大价值和作用。因此对于各个高校而言，为了能达到更好的教育效果，就更要充分融合传统文化教育及思想政治教育。

事实证明，高校大学生思想政治教育意义重大。丰富多样化的中华传统文化在五千年的发展历史中逐渐形成积淀。其中不乏一些集体主义、爱国主义等优秀文化精神，同时也存在一些封建迷信的陋习。学习中华优秀传统文化能够帮助更多的高校大学生意识到并感受到这些文化，养成明辨是非的能力，而不是对"古圣"等思想全力追崇或全力打压。如果在思想政治教育体系中能够有效且充分地

---

① 引于《生于忧患，死于安乐》
② 引于《论语·述而》

融合中华传统文化的丰富内涵和精神，对于中华传统文化道德体系的发展壮大以及思想政治教育的价值提升都将产生极大的推进作用。对于高校大学生而言，不断在思想政治教育工作中渗透中国传统文化知识，一方面，有利于个人价值观的正确形成，对一些优秀思想理念产生更深刻的影响，真正做到仁爱、守信、正义等；另一方面，还有利于立德树人价值理念的培养。对于高校而言，应该在思想政治教育工作中通过合理且有效的措施来融入中华传统文化，使其发挥最大价值和作用，扩充思想政治教育的内容。

3. 有利于培养高校大学生对中华民族的自信感和自豪感

热爱祖国的璀璨文化及大好河山都是爱国主义的体现。关于这一情感的论述列宁曾表示："自己对祖国亘古不变的感情就是爱国主义。"中国有着几千年的历史，之所以它能够生存发展至今，其中一大关键就在于民族凝聚力，这也激发了不同时代人们敢于拼搏，勇于斗争的强大力量，其始终作为一大精神支柱隐藏在内心深处。民族凝聚力离不开强烈的民族自豪感，一旦两者脱离关系，那么社会重心也将会产生偏移。要想实现中华民族伟大复兴的中国梦，就必须要由也终将由充满民族凝聚力和民族自豪感的中国人来完成。

改革开放之后，科技进步，经济增长，社会主义所提倡的价值在多元化的思潮中逐渐被冲击。近几年来，青年对西方洋节日的重视程度甚至超越了中国传统节日，更愿意去过西方情人节、圣诞节等。"崇洋媚外"这一思想在当下高校大学生群体中逐渐蔓延，造成个别高校大学生觉得只有外国的才是最好的，忽略了中国伟大成就。拜金主义和个人主义也在一步步侵蚀着高校大学生的思想。在这一背景条件下，如果在高校大学生思想政治教育中有效融合中华优秀传统文化，能够及时且有效制止以上形势，要求各个高校对传统文化教育高度重视，同时还要针对不同高校大学生群体开展相关主题的教育活动，有利于高校大学生爱国主义精神的培养。

## 三、中华优秀传统文化融入高校大学生思想政治教育实践策略

### （一）完善中华优秀传统文化在思想政治教育中的融入理念和模式

1. 确立中华优秀传统文化在思想政治教育中的融入理念

想要促进传统文化与高校思想政治教育的融合，必须转变传统的思想政治教育观念，有效实现优秀传统文化与思想政治教育的结合。首先，教育工作者要深

刻理解优秀传统文化的内涵价值，挖掘这些教育价值来实现对传统文化的宣传，有效提高高校大学生对传统文化的关注度，培养当代高校大学生的文化传承意识。教师要引导高校大学生对传统文化和自身发展进行正确思考，逐渐形成对我国传统文化的认同感，积极主动地在课堂教学中感悟传统文化。其次，教师要将优秀传统文化有目的的贯穿到思想政治课堂中，改变传统的课堂教学方法，充分突出学生的课堂主体地位，将思想政治教材与传统文化进行有效融合，增强学生在思想政治课堂中的学习效果。最后，高校教师要引导学生转变学习观念，直到他们认识到思想政治内容对提高自身综合素质的重要作用。借助高校思想政治课堂来提高高校大学生自身的思想道德修养，通过传统文化培养他们的综合素质，使他们能够在社会发展中发挥良好的个人价值。

2. 增加中华优秀传统文化在思想政治教育中的融入模式

传统的思想政治教育模式大多是为了应付考试，教育形式多为说教式，而这种传统的教育模式的弊端显而易见——枯燥乏味，不能被学生真正接受。因此，这种模式不能够继续作为新时代教育的方法，需要通过创新加以改变。首先，抛弃传统教育寻求创新型教育的目的是减少课堂教育的独立性，将教育与生活融入起来，也能够减少学生学习的负担，提高学习的效率。而创新后的关怀型教育则注重与高校大学生在其发展过程中的交流，将教育的知识与理念渗入到课堂学习中，从而推动学生自主学习的能力，提高对理论知识的理解，这是当代高校大学生必须接受的一个发展历程。对比二者，传统的填鸭式教育效果甚微，学生容易出现逆反心理，教育效果不够持久；而新型教育模式则大大提高和激发了学生参与的热情，更有利于培养高校大学生运用中华传统文化，并用其有效地解决实际问题的能力。其次，这种教育形式的转变目的也是为了提升学生的整体素质。目前，考试成绩是衡量高校大学生的重要指标，而这并不是考查学生综合素质的唯一标准，应付考试而学习也不是高校大学生学习的唯一目的，因此，传统的应试教育并不能够培养和教育出综合全面发展的人才。如今，生活和学习的模式逐渐多样化，而多样化的出现的最终目的是为了提高学生的自身能力。在现在的传统文化教育体系中，对于高校大学生进行思想政治教育的目的不是单纯为了应付考试，而是将传统文化真正融入学生的生活中去，并运用其有效地解决问题，从而提升高校大学生创新能力。

## （二）合理选择教学手段

教学手段的合理选择对教学效果有着重要的影响，教师必须充分尊重学生的学习主体地位，结合学生的学习需求和认知主要特征来选择课堂教学手段，进一步切实贯彻因材施教的教学理念，构建开放式的课堂学习环境，激发学生的主观能动性。例如，教师要利用小组合作探究的方法来研究与传统文化相关的问题，指导学生以小组为单位，通过社会调研和小组讨论来探究相应的问题，也可以通过课堂辩论来实现思维的碰撞，加强学生对优秀传统文化的理解。教师要注重结合信息时代发展的背景来突出传统文化的生动性，通过生动的课堂内容来引起学生的探究兴趣，引导学生在思考和总结的过程中实现思想觉悟的提升。教师可以充分利用网络将高校思想政治课堂打造成弘扬优秀传统文化的平台，利用蓝墨云班课等移动教学软件为学生推送实时热点，充分将优秀传统文化融入高校思想政治课堂中，通过在线交流为学生提供多种课堂教学手段。

### （三）建立高素质的教师队伍

#### 1. 完善高校在中华优秀传统文化方面的教师队伍培养

教师，是辛勤的园丁，是人类智慧的奠基石，也是学生在成才路上的指导者和引路人。在将中华优秀传统文化与高校大学生思想政治教育相结合的过程中，教师的综合素质对于学生的学习和发展有着很大影响。因此，中华传统文化素质也将是考察教师综合能力的新的指标，这一指标也能够更好地帮助学生学习，同时也可以很好地传承中华优秀传统文化，达到提升高校大学生思想政治教育水平的目的。

#### 2. 完善中华优秀传统文化方面的教师评估机制

教师评估机制的创新，要在现有的教学实践中进行。对于评估机制的制定，考察因素较多，不仅有教师的实际教育质量，还有学生的实际学习情况，二者综合考虑再进行评估机制的改进。细化来说，在进行中华优秀传统文化与高校大学生思想政治教育相融合时，要以具体的情况进行考察，切实把握学生的实际接受程度。在制定评估机制时，一定要深入课堂一线，听取广大高校大学生和高校教师的意见，同时结合中华优秀传统文化，考察其对于高校大学生的影响，进而制定评估机制。创新教育评估机制是一个长期的、系统的工程，所以要坚持实事求是的作风，一切从实际出发，联合多方力量协调进行。

### （四）组织传统文化实践活动

借助社会和生活开展教育是陶行知的重要教学思想，这对高校思想政治教学具有很强的指导价值。优秀传统文化与高校思想政治课堂的融合，能够帮助学生深刻认识到传统文化的魅力和价值，将传统文化融入实践活动中，能够使传统文化更加贴近生活实践，使学生对传统文化拥有更加深刻的理解。在开展传统文化理论知识学习的过程中，教师可以利用文艺活动和社会实践等多种校园活动开展教育教学，也可以邀请一些优秀的教育名家来校进行专题讲座，通过各种学术研讨会增强学生对传统文化的认识，使当代高校大学生通过高校思想政治课堂感受到中华优秀传统文化的精神力量，并在思想政治课的学习过程中获得良好的精神感悟，使他们树立正确的社会价值观。

除此之外，社团活动是大学生高校生活中的重要组成部分，占用了大学生的大量课余时间，充分运用好高校各种社团活动，对于中华优秀传统文化在高校的传承有着重要的作用。这种潜移默化的、非强制性的影响方式，不仅能够吸引真正热爱优秀传统文化的大学生，还能通过社团活动的影响力吸引更多的大学生加入传承优秀传统文化的集体中。社团活动的具体实践，可以是学校组织的传统意义上的社团组织，也可以是具有时代特色的新型社团活动，多种多样的社团活动在丰富大学生课余生活的同时，也达到了传承中华优秀传统文化的目的。通过对不同社团活动类型的简单划分，可以分为传统型文化类社团活动、传统节日等民族性社团活动和具有现代特色的创新性社团活动。

首先是传统型文化类的社团活动，这类活动在高校之中较为普遍，一般以读书会、文化沙龙、演讲比赛和图书漂流等形式展开，通过直接接触优秀传统文化的内容，触发大学生的思考，以达到传承优秀传统文化的目的。这类活动具有一定的文学性，对参与者的文学素养要求较高，因此参与者多为相关专业或者热爱优秀传统文化的大学生，总体来说参与度较低。其次是传统节日相关的文化活动，比如端午赛龙舟、冬至节包饺子等，可以挖掘传统节日的活动形式及风俗习惯，使大学生体验不同的活动方式和风俗。这类校园活动专业性较低，大学生的参与度较高，不仅能够感受节日的氛围，而且也达到了传承优秀传统文化的目的。最后是高校中一些具有时代特色的创新性社团活动，比如说一些表演优秀传统文化中的文学作品的话剧社，还有动漫社针对中国古代人物进行的角色扮演，通过穿汉服、行汉礼等新颖的活动形式，吸引眼球，把中华优秀传统文化与时代流行元素相结合，让传承优秀传统文化的形式更加符合大学生的需求。

### （五）营造凸显适合中华优秀传统文化发展的育人环境

要重视大学校园文化中传统文化的建设。随着社会发展、世界经济的一体化进程，这个时代对高校大学生的思想政治教育有了更高的要求，这就要求我们探寻新的高校思想政治教育形式，来满足教学改革的目标和任务。其中，最重要的环节、最重要的实施手段，以及最有效的措施就是创造适合优秀传统文化发展的育人环境。文化，归结来说就是某一地区或国家的人养成的习惯和风俗，这与其所处的环境密不可分。高校是高校大学生成长的重要场所，其环境也对高校大学生的成长有着至关重要的作用，特别是其特有的文化底蕴和浓厚的学习氛围，都是影响高校大学生思想政治教育活动的关键因素。只有具备良好的学习氛围，有完善的高校思想政治教育的体系，才能进一步促进高校大学生的健康成长、成才。所以，高校必须强化自己的价值理念，丰富自己的文化水平，提升整体文化素养。从外观角度来看，高校的建筑也有相对应的环境要求，应当强化硬件设施，适当提高校园的文化氛围，促使高校大学生在包容、浓郁的学习氛围中学到知识，同时提高有效解决问题的能力。同时，应当创造轻松易于学习的文化氛围，激发学生的好奇心和求知精神，开展不同类型、形式的文化实践活动，在实践过程中培养高校大学生的文化创新精神，尽早实现对高校大学生思想政治教育的目标。最后，切实强化新时代传统文化的教育理念。

传播正确的中华优秀传统文化，在一定范围内接触正确的、积极向上的文化，就会对非理性、不真实的行为活动具有辨别力。所以，我们要在全社会范围内传播中华优秀传统文化的正能量，发扬和树立中华优秀传统文化的典型人和事，推动全体社会共同学习典型的活动和比赛。例如，开展宣扬孝老爱亲活动，宣传诚实守信、自立自强等传统美德的实践活动。同时，还要将中华优秀传统文化与封建迷信活动区分开来，合理利用中华优秀传统文化，教育和培养年轻人，避免封建迷信活动来毒害国人。

# 第三章 思想政治教育视角下大学生网络素养培育

本章主要讲述思想政治教育视角下大学生网络素养培育，分别介绍了四个方面的内容，依次是大学生网络素养的内容、大学生网络素养缺失现状、思想政治教育与网络素养培育的内在联系、思想政治教育视角下大学生网络素养培育路径。

## 第一节 大学生网络素养的内容

高校大学生网络素养的主要内容包括以下六个方面。

### 一、网络认知与操作素养

高校大学生顺利进行网络实践活动，同时提升网络综合素养的基本前提就是网络认知与操作素养。它是指高校大学生对网络整体的认知、网络操作技术的水平及利用网络来获取信息的能力。网络信息技术等物质基础支撑着网络社会的虚拟实践活动，网络信息技术也像把双刃剑，它为人类的活动提供支撑，同时人们的网络言行也需受其规范和束缚，人们必须在其对网络的认知和信息技术能够支持的水平和范围内开展虚拟实践活动。也就是说，要想切身地感受到虚拟实践的具体过程和活动内容，在网络社会中进行信息传播和人际交往，就必须先掌握一定的网络认知与操作素养。

### 二、网络自我约束素养

高校大学生的思维方式及思想观念还处于发展阶段，需要逐渐成熟，当前正是对社会充满探索欲和好奇心的阶段。互联网的飞速发展，给他们提供了探索和发现的空间，也提供了无限的可能，相较于现实社会网络更具诱惑力，这使他们更容易沉迷于网络，引发各种不良行为，对其身心造成不良影响。高校大学生网络自我约束素养，要求高校大学生能够在使用网络时，一方面将网络作为工具，辅助好自己的学习、生活，提升自身学习水平，提高生活质量；另一方面，在学习生活之余，学会利用网络娱乐生活，放松身心。在这个过程中要把握好使用的时间，做到上网有节制，避免沉迷网络游戏等消耗精力、容易上瘾的网络活动中。

### 三、网络信息甄别素养

高校大学生网络信息甄别素养是指，高校大学生对网络检索到的信息能够做出符合自然规律、满足价值观要求的判断。在网络社会中，高校大学生会接收到繁杂的信息，其中包含了许多人站在自身立场所做出的价值判断。高校大学生要具备理解这些多样的价值判断的心态和坚守本我的能力，并能够做出自身的价值判断。高校大学生网络信息甄别素养，要求高校大学生利用成长过程中形成的思考方式及锻炼出来的判断力，对网络上的信息做出正确的甄别，特别是由于新时代的到来，网络新媒体得以大力发展，网络信息的传播变得更为容易。高校大学生更应该具备良好的信息甄别能力，有立足事实的心态，能够对大量网络信息做出理性的解读、正确的判断，自觉抵制不良信息、垃圾信息。

### 四、网络安全素养

高校大学生网络安全素养是指，高校大学生对网络安全的敏感程度，对网络安全内容的积累量，识别网络风险及保护自身安全的能力。这就要求高校大学生在网络社会中有安全意识，遇到相关问题时具备妥善处理的能力，同时要有规避风险的意识，自觉远离可能会侵害到隐私、财产的网络活动。在这个经济、政治、文化都飞速发展的新时代，互联网给人们带来便利的同时也伴随着一定的消极影响，一些崇尚金钱至上、享乐为先的人，变成了网络社会的蛀虫，隐藏在显示器后面传播他们的不良思想，导致网络环境被污染，高校大学生在这样的环境中开展实践活动难免受其影响。网络安全素养还要求高校大学生在使用网络时，不仅要做到网络信息安全，同时要做到网络思想安全，应意识到自己在网络社会中有可能面临的不良影响，自觉树立网络自我保护的意识，做好抵制不良影响的准备。

### 五、网络法律素养

高校大学生网络法律素养是指，高校大学生对网络相关法律的掌握程度，以及使用法律有效解决在网络社会中遇到的问题的能力。"四个全面"战略布局中，其中一个就是全面依法治国，需要每一个公民树立法治信仰和法律意识。高校大学生是实现中国梦的主力军，是祖国的未来、民族的希望，更应该具备较强的法律意识，树立正确的法治观念。高校大学生网络法律素养体现在，能在网络社会中依法开展实践活动、遵守法律规范，为中国建设社会主义法治国家贡献力量。网络法律素养要求高校大学生提高网络法律意识水平，锻炼运用法律途径有效解决问题的能力。同时要提升网络法治社会建设的参与度，主动宣扬法治观念，维护网络环境安全，用自身的守法行为带动身边网民群体，共同建设健康法治的网络社会。

### 六、网络道德素养

高校大学生网络素养的核心就是网络道德素养。依靠网络进行的信息传播，基本是虚拟的、匿名的，因此在网络中每一名高校大学生的思想和行为无法被严格的规范，这就需要高校大学生自觉提升网络道德素养，在思想和行为上自律，助力网络社会的健康发展。网络道德，是指以善恶为标准，通过社会舆论、内心信念和传统习惯来评价人的网上行为，调节网络时空中人与人之间以及个人与社会之间的行为规范。网络新时代的来临和社会的进步，使道德体系逐渐丰富起来，网络道德成为其中的新成员，它作为网络社会中人们的行为准则而存在。高校大学生网络道德素养要求高校大学生树立符合社会主义核心价值观的道德观念，不断规范自身的网络道德思想和行为，使内部努力和外部影响相结合，提升高校大学生综合素质。

## 第二节 大学生网络素养缺失现状

### 一、校园贷事件频发

在高校大学生活中，除了学习和娱乐之外，耳边还萦绕着老师说的关于"远离校园贷"的话语。作为成年人，我们在很多方面已经可以分辨出对错了，但为何在大学里老师总是一而再再而三地强调"校园贷"这个问题？"校园贷"到底是什么，以致于弄得大家人心惶惶？

"校园贷"是指在校学生向各类借贷平台借钱的行为。

网络上对"校园贷"的解释是指一些网络平台面向在校大学生开展的贷款业务。大致包括消费金融公司（任分期）、电商背景的电商平台（蚂蚁花呗）、网贷平台（名校贷）、线下私贷（放贷人、高利贷）、银行机构（学e贷）五类。

其主要特征是无须任何担保，无须任何资质，只需身份证和个人信息，就可以申请到一定金额的贷款。因为简单方便，所以备受高校大学生的追捧。

案例：

有这样一位高校大学生，他就是我们口中所说的"别人家的孩子"，上了优秀的高中，考上了一个不错的大学，用老一辈的话说就是"前途一片光明，闭着眼睛都能找到一份好工作"。

就是这样一位优秀的高校大学生，在网上借了差不多两三万元钱，后来利滚利就滚到了将近十万。

事情的经过大致是这样的：

他考上了大学之后，感觉自己的见识更加丰富了，再加上认为自己成年了、长大了，不想再继续向家里边要生活费，就想创业替家里排忧解难。

创业需要资金，但他苦于没有资金，又不想向他爸妈要。

此时他刚好看到一些同学在电商平台借钱用，而且利息很低，如果按时还款的话甚至不需要利息。于是他研究后准备从该平台借钱做创业资金，可谁曾想，那上面只能借几千元，这无疑是杯水车薪。

他就想，可不可以找类似的软件平台借一下高额的钱。他去尝试了，果真借到了两三万元钱。

他雄心壮志准备大干一番，把这笔钱投入公司的运营中。可是不久，网贷公司就打来电话催他还款了，他想缓一缓。

但是，每一天，一个接一个的催还款的电话打来，利息已经飙到了很高，和他当时借贷时所说的无利息偿还南辕北辙，一些催款信息的言语开始变得更为粗暴。

他被电话弄得心力交瘁，也无心创业了，甚至把电话号码换了。

但网贷平台留了一手，记下了他父母的信息，电话就打到他爸妈那里去了。

对于一个普通的工薪家庭来说，十万元算是一笔不小的数目，那几天他家里气氛十分压抑。

最后他爸妈想尽一切办法，除了本金还赔了一部分钱之后才解决了这件事。

从这个案例中，我们可以发现，高校大学生沾上"校园贷"的原因无非以下几种：

（1）需要创业基金：初出茅庐的年轻人，好高骛远，想要通过自己的努力自给自足。但是，创业没有那么简单，还需三思而后行。

在大笔资金流动的情况下，最好还是和父母商量一下，不管怎么说，我们的生活阅历不会比他们丰富。

（2）虚荣心作怪：攀比风盛行，人人都想买高档手机、高档化妆品、高档鞋子等。

生活费不能满足需求，导致很多没有钱的学生禁不起诱惑，最后选择了办理"校园贷"。

（3）借贷手续简单：高校大学生不可以办理信用卡，而"校园贷"恰恰就钻了这个空子。

只要有身份证、学生证，加上简单的个人信息，就可以贷款。而且高校大学生的法律意识淡薄，自律能力与抵触诱惑能力较弱，更加容易上当。

（4）不懂借贷"规矩"：高校大学生对非正常渠道贷款的利息偿还根本没有什么概念，不知道借贷会有什么后果，认为借贷和生活中借钱无非一回事。

高校大学生自己不赚钱，对钱的概念也不清晰，利息是1%也好，10%、20%也好，根本吓不倒他们，只要给钱就行，越快越好。

所以，高校大学生一定要提高自己的防范意识。既然老师一次又一次地强调这件事情，就说明肯定是有不少人上当，上当后也非常难处理。

还有很多人因网络借贷引发了非常严重的后果，例如，"裸贷"导致贷款者身败名裂；遭到催款方不断侮辱，贷款者承受不了重负企图自杀；等等。这些都极其恐怖，听着也让人不禁打战。还有各类催款短信、电话来骚扰你的家人、朋友……

当前网络信贷种类繁多、良莠不齐，在校学生缺乏人生阅历，辨识能力有限。因此，学生进行网络平台信贷，首先，必须要量力而行；其次，需要到正规的信贷平台实施交易，并在借贷前必须先要熟悉了解相关法律，避免落入信贷骗局。

## 二、网络营销代理肆虐

互联网的普及方便了生活的同时，也出现了一些不良现象，例如网络诈骗。而初入社会的高校大学生则成为受骗最多人群，学校在各种会议上提醒大家防骗，但是事情没有发生在自己身上时，很多同学都不屑一顾。

说到网络诈骗，大概很多人都深有感触。每次学校进行这方面的宣传，很多同学都觉得离他们的生活很远，并且自己也是大人了，也有分辨的能力。

可没想到，网络诈骗的手段越来越多，骗子的手法层出不穷，使得高校大学生一不留神便会上当。

案例：

以下案例来自一位经历了网络诈骗的同学的自述：

微博是大家经常接触的社交平台，最近我在微博上经常会看到一些有几万粉丝的博主，发布帖子称零门槛、零会费招兼职。兼职内容有刷单、打字、培训、招代理、讲课等。

出于好奇，我加了某位博主的微信，之后我看到她的朋友圈都是晒单、工资多少、做了多少订单，还有不少的日常生活分享，就开始和她聊天，了解这个兼职是怎么做的。

她说，只要交一次入会费，终身不收费。我想到现在网商挺流行的，如果能通过自己的努力赚点钱还是可以试试的。她说，只要交了300元所谓的入会费，然后走完整个入职流程，就可以把入会费当奖励退还给我，而且她还把她招的其他兼职的截图给我看了。

我在心里权衡了一下，看到她的朋友圈也并没有全部宣传这个，也许真的会像她说的那样。考虑过后，我交了300元。

之后，她又让我加了一个QQ，说这个人以后就是我的"师傅"了。

QQ那头的人把我拉进了一个群，要求我在入职前学习群文件和音频，并提交学习截图，然后写一段100来字的观后感。她说这不是故意为难我，是在考验我是否真的有做兼职的决心，以及有没有认真看她说的所谓的资料。

当听完音频、看完那些所谓的图片资料后，我感觉有点像在做传销，就去问她，她说网络销售都是这种模式。我又问，为什么我是来做刷单的现在却要学习做外宣，我不想做外宣。

所谓的"师傅"耐心地解释说，大家刚刚入职都是要走这个流程的，一开始都是从外宣做起的。我想着既然都交钱了，就做到回本再说吧。

之后，我又按照"师傅"的引导去看了包括她在内的管理员的朋友圈和QQ空间，里面几乎就是"炫富"和给这个团队打广告的。

看完这些，按照规定和她说了我的感想。"师傅"收到我的感想后，问我有没有信心做好，我硬着头皮说可以。

接着，"师傅"开始传授经验。她给了我一堆图片，里面是关于怎么做外宣还有加好友宣传这个团队之类的教程，并且让我把微信交钱的截图保留下来，说是下一步的验证有用。

"师傅"交代我先会做外宣才能赚钱，如果有人问起，就说我是白金会员。只要我开始接单，我的入会费就一点一点返还给我，而且每一单还会有额外的奖励，算起来是不会吃亏的，大概做一两个星期就可以回本。

"师傅"还特别告诉我，可以在微博上花点儿小钱买粉丝增加名气。还可以在 QQ 充个会员装扮自己的空间，尽量做漂亮一点，到时候在上面发布外宣的消息可信度就会更高，来咨询的人才会更多。还可以找粉丝，或者让好友帮忙转发。如果他们不愿意帮忙，发个小红包给他们就搞定了，这样就更省事了。

在我完成了这些流程后，"师傅"让我继续加了一个教我走培训流程的 QQ 号，顺便让我备注说是她的推荐。

我没有多想就继续加了那个号。

验证消息发出快一个小时后，我收到对方的回复说要我走验证流程，其中包括上交我的联系电话、身份证、个人真实照片、父母和两个亲近朋友的联系电话等信息。走到这一步时，我左思右想，这不对啊！我隐约感到自己被坑了，如果我再继续下去可能会连累更多人的，个人的信息也会泄露。

犹豫中，我一直没有回复那个带我走培训流程的人。过了一个多小时，他主动发来一条信息：如果没有按照流程走下去是没办法完成派单更不可能去接单的。如果我没有做完这个步骤，就回去找我"师傅"跟她一起做外宣招人；或者是再交钱直接升级成白金会员，直接跳过这个培训验证过程，才会有人专门找我去刷单的。

这一刻我明白了，骗子的目的无非是一次又一次地让我交钱。就这样，我一步步走进了骗子精心设计的圈套。我反复考虑后，举报了微信（里）那个人和 QQ 里面加的外宣群，还有几个所谓的带我走流程的号。

回头想想，我们之所以会上当受骗，无非就是被骗子抓住了我们想赚钱的心理。无论是"学生党"还是初入社会的"职场小白"或者是"宝妈"，很多人都怀着付出最少的代价换取高回报的收入，想用小钱赚大财的贪婪念头。

还有就是耳根子软，哪怕有一丝怀疑过骗子，还是会被能言善辩的骗子圆回去，继续受骗。

总结上述案例，骗子的行骗手法和步骤归纳如下：

第一，打着创业或兼职的名义，骗子的团队先是在微信朋友圈、微博、QQ 空间发布一些所谓的招聘广告和代理刷单的消息。他们的惯用伎俩就是在一些社交平台晒大量的生活照，普遍是美食分享图、旅游风景图、俊男美女的照片等，让人觉得这不是一个僵硬的广告账号，还有生活的气息。这些动态下还有不少的点赞评论，微博等有好几万甚至是十来万的粉丝，实际上很多粉丝都是买来或者团队里互相帮助的"托"，看起来更像是真的。

第二，当你开始私聊问情况的时候，他们不会马上回复。回复的时候都会说在帮别人做咨询，咨询人数太多了忙不过来，让你以为这个人真的很忙，从而进一步消除你的顾虑。

甚至有的人会以学生的身份伪装自己在学习上课之类的，让你别太频繁打扰他们。当看到你有意向还在犹豫时，他们会用一整套的说辞，取得你的信任，引导你进入下一环节。

他们都会故作忙碌，然后去朋友圈发个动态晒又有新的会员加入了，配上聊天截图并且附上文案说他们很爽快、很积极等，从侧面刺激你想加入的欲望。

第三，如果你对要交费还存在疑虑的话，他们就会很友好地提醒你先考虑一下不要急着加入之类的，让你更加相信他们没有骗你，因为在常人看来骗子都是迫不及待催你交钱的。

第四，他们所谓的验证和培训过程无非是让你加好友或者群，故意让你觉得这个过程很烦琐。因为这些新加的人和带你加入的人一样，不会秒回你。

第五，当你交过所谓的"入会费"后，他们会教你如何去"包装"自己，说白了就是教你如何再去骗其他的小白。

这个时候，因为交了钱不甘心，即使自己明白这是在作假，也会想着起码要熬到钱赚回来再退出。当你按照他们的指示做完这些后，他们又会以各种方式阻挠你通过所谓的验证，给你设置关卡障碍，以升级会员跳过流程直接开始跟人刷单之类为借口让你继续花钱。在这个过程中就会有很多小白受不了自动放弃，哪怕不能退钱也自愿退出，这就是他们的目的之一。

当你受不了退出的时候，那些所谓的"师傅"都不会挽留你。若是你想退钱的话，他们就会拿出起初的入会规定，告诉你一旦入会，退出时不退费之类的话。甚至还可能以你的个人信息及亲友资料来威胁你，你要退出的话就必须拿钱赎回那些信息。

他们之所以能得逞，往往都是抓住了受骗者胆小怕事、贪心、单的主要特征，所谓的恐吓威胁只是说说而已，并不会真的做什么，毕竟他们更乐于寻找更多受骗者而不会把时间花费在一个人身上。

高校大学生在找兼职之前一定要再三考量及冷静地分析，不要受那些虚假宣传的诱惑。这个世界上不存在免费的午餐，任何想不花费劳动而获取物质报酬的想法都是不切实际的。

## 三、网络信用卡滥用

随着社会经济的发展，高校大学生已逐渐成了庞大的消费群体，在这个竞争激烈、个性鲜明的新时代里，高校大学生又是怎样消费的？他们的消费观念是否值得担忧？助推消费贷款，放纵消费欲望，也许正在影响年轻人的未来。

案例：

下面是一位毕业工作半年之后，才还完花呗的高校大学生的自述：

毕业工作半年之后，我终于把花呗还清了，然后我就关闭了花呗。

我分了三期才最终还清，付了近百元的利息。

我用花呗有两年多的时间，一开始额度只有一千，我心里有数，花得也不多，新的一月总能还上。

后来慢慢地我就开始超前消费，买了很多并没用的东西，什么蓝牙耳机、运动手环、触屏写字笔、护膝……毕业收拾寝室的时候，我才发现自己买了这么多无用的东西。这些东西都是我在一瞬间想起来，看到花呗还有钱，就打开购物网站购买到的。买了之后没几天，就把它们丢到了角落。冲动消费就是如此。

可用额度提升之后，我已经不能一次性还清花呗了，于是开始分期还款。当然，这是要利息的。

线上支付总给我一种感觉，就是钱不那么值钱了。显示在手机屏幕上数字的一百元和纸币的一百元相比，总觉得不那么值钱，很快就花完了。

每次翻看账单的时候，我才知道自己的消费已经超额。

据统计，将近四成"90后"把花呗设为支付宝支付方式的首选。

我之前正是这四成中的一分子。刚开始还知道自己到底有多少钱，花呗用多了，就不知道了，觉得还是先把东西买了再说，之后慢慢还。

我的花呗额度只有两千元，尚且在我的承受范围之内。但我不知道假如额度上万之后，我会不会失去理智。

每到月初，我总会听到有人说还不上花呗了。

有几次朋友向我借钱，说要还花呗，都是一副笑哭的模样。

花呗一开始并没有分期还款的功能，可以分期之后很多人开始"有恃无恐"，不加节制地超前消费。

如果分期之后还是还不上，可以继续分期，真是不知道要还到何年何月。

每次看到那些因为网贷造成悲剧的新闻，总觉得那些人好傻。其实自己何尝不是其中的一分子呢？

虽然花呗一开始没有利息，但事实上逾期利息很高，分期利息也不低。于是，慢慢地我就透支了几个月的生活费，想想也很可怕。

不知从何时开始，我们这个社会开始鼓励大家超前消费。周围很多朋友都有额度上万的信用卡和各种网贷，他们分期买了最新的iPhone，最新的笔记本电脑，还有昂贵的单反。

我不清楚到了还款的时候他们怎么办，只知道，这种超前消费带来的所谓的快乐并不会持续很久。

既然没钱，为什么还要"买买买"呢？

显然，网络借贷击溃了我们本来就脆弱的自控防线。

加上享乐主义的泛滥，"买买买"成了一种生活方式，提前消费仿佛成了必要的、有追求的生活方式。

不断更新换代的各类电子产品、说走就走的旅行的诱惑、线上购物的方便快捷，无一不在刺激着高校大学生超前消费。

很多时候，大多数人的经济实力并不能跟上电子产品更新换代的速度，也无法承受旅行的大额花销。传统的节俭美德渐渐被消费主义取代，年轻人也越来越不喜欢攒钱，超前消费成了潮流。

## 第三节 思想政治教育与网络素养培育的内在联系

### 一、原则的相通性

首先，思想政治教育是以人为中心，以人为目的的活动。无论是思想政治教育工作的主体与客体，还是出发点与落脚点，均离不开人。以人为本是思想政治教育必须坚持的重要原则。在互联网信息技术迅速发展的过程中，高校大学生主体意识形态的快速发展，推动了网络素养培育中新型主客体关系的形成，其自身主体性也进一步得到凸显，因此网络素养培育必须坚持以人为本的主体性原则，满足高校大学生的发展需求，鼓励高校大学生发挥主体能动性。其次，在实践性方面，思想政治教育的直接目的在于能够使受教育者认同和接受教育的目的与要求，并付诸行动，努力以实践深化理论认知，最终实现知行合一。网络素养培育目标的实现，自然也需要通过实践展开和巩固，通过实践与体验式教学帮助学生完成网络素养的认知与发展。举个例子，网络角色虚拟实践、网络社会组织考察、网络舆情处置演练等，将高校大学生置于具体网络情境之中，加速理论教学的实践转化。最后，关于思想政治教育与网络素养培育的前瞻性问题。当前网络世界瞬息万变，网络的开放性和包容性使得无数高校大学生投身其中并乐此不疲，无论是思想政治教育还是网络素养培育，都需要充分认知和了解当前网络技术的主要特征与未来发展趋势，要以发展的眼光对未来学科与教学的发展进行预判，既要立足现实也要超越现实，绸缪未雨、远瞩高瞻，以前瞻性思想引导教育教学发展，为高校大学生的健康成长保驾护航。

## 二、内容的相关性

思想政治教育内容要达到一定的教育目标，教育者向受教育者传授、讲解的知识、理论、观点，是教育者与受教育者联系与转化的中介。其主要依据社会发展、时代要求与人民需要进行确定，具体包括了人的"三观"、基本国情、形势与政策、公民道德及民主法治教育等一系列内容。同样，网络素养培育也需要教育者通过一定的教学手段向受教育者传递特定的教育内容，帮助受教育者巩固提升外在实践技能和内在理论修养。根据网络素养的内涵与要素，我们可以确定，网络素养培育内容需要与本国国情紧密结合，与社会主流意识形态深度融合，与道德规范法律法规高度整合，方能实现培育目标，提升人才能力素质。因此，思想政治教育与网络素养培育在教育内容方面存在一定程度的关联与重合，这也是二者融合发展的重要基石。

## 三、思想政治教育与网络素养培育融合的必要性

网络媒介是现代科技发展的产物，它同其他科学技术一样，在发挥积极作用的同时自然也伴随着消极影响。一方面，网络媒介是一个包罗万象的大千世界，从工作、娱乐、教育，到购物、美食、科技，甚至还有暴力、诈骗、色情，这些纷繁杂芜的信息常常混在一起，并通过网络媒介进行传播。对于部分社会人群而言，尤其是高校大学生，缺乏社会经验，辨别能力有限，容易受到不良信息或错误信息的影响甚至沉迷其中，形成先入之见的错误观念，给思想政治教育工作的开展造成思想障碍。要想有效地解决这些疑难问题，破除消极影响，必须从高校大学生网络素养培育入手。强化网络素养培育虽不可能是有效解决全部疑难问题的"神药"，但不可否认，网络素养的缺失是产生上述疑难问题的根源之一。网络素养培育以网络媒介资源作为教育素材与基础，通过对网络信息的结构分析，对高校大学生进行策略性、指向性的教育，从而使其形成较为完备的网络素养。这一过程是以促进高校大学生自我学习、自我发展、自我完善为最终目的，其本身蕴含着思想政治教育功能，将提升高校思想政治教育实效性。从这个角度看，帮助高校大学生提高正确认识与合理使用网络媒介的能力，有助于优化高校思想政治教

育效果。

## 第四节 思想政治教育视角下大学生网络素养培育路径

高校大学生网络素养存在的疑难问题是整个社会、学校以及高校大学生自身综合作用的结果，想要有效地解决疑难问题，必须从根源出发，由此及彼、由表及里。下面将从自我教育、学校教育、社会参与三方面着手，提出科学可行的培育策略。

### 一、自我教育

思想政治教育的最终目标是实现高校大学生的全面发展。要实现这个目标，必须要充分调动高校大学生的主观能动性，结合社会和自身的需求，自主地学习和内化思想政治教育理论。

#### （一）培养较强的网络媒介思辨能力

由于国内中小学媒介素养教育起步晚，且相对滞后，绝大部分高校大学生的媒介知识大多是在日常与媒介的接触中自发习得，并未经过系统专业的理论知识学习和培训，整体处于低层次水平。不仅对信息的生产传播形式和具体内容缺乏正确的判断和评价，也对各类媒介的属性与本质缺乏足够的了解，更难以做到将媒介资源去粗取精、为己所用。因此，大学阶段就成为高校大学生弥补自身网络媒介知识匮乏，促进网络素养提升的关键阶段。习近平总书记强调指出，当代青年关键是要学会思考、善于分析、正确抉择。作为网络素养培育实践的主体之一，高校大学生必须积极发挥自身主观能动性，通过主动学习相关专业知识，来培养和提升自己对于网络媒介信息的思辨与运用能力。

在当前高校网络素养课程资源普遍不充裕的背景下，高校大学生要充分利用校内校外资源，多途径、多形式、多载体地开展媒介知识学习。第一，高校图书馆拥有十分丰富的书籍资源，高校大学生可以通过借阅相关专业书籍自主学习媒介知识，在阅读中构建系统完备的媒介知识体系，丰富自身媒介知识储备，举个例子：《大学生媒介文化素养概论》《媒介素养教程》《媒介批评》等书籍，都可以帮助高校大学生提升个人媒介知识水平。第二，网络慕课（MOOC）和微课为高校大学生在课余时间学习补充媒介知识提供了相对便利的渠道。相比于书本，慕课与微课目标明确、针对性强，能够帮助高校大学生在较短的时间内高效率地完成对某个知识点的学习和掌握。当前,各大网媒平台均拥有丰富的网络课程资源,以学习强国 App 为例,其慕课资源涵盖了社会法律、理工农医、人文史哲、政治经济等多个领域,高校大学生可以有选择性地观看学习媒介素养相关课程。第三,高校校园丰富多彩的实践活动也是高校大学生提高自身媒介素养的重要平台。高校大学生可以通过积极参与校园网络知识竞赛、微电影比赛、辩论赛等活动,在实践中学习、深化和巩固所学媒介知识。

### (二)树立正确的网络媒介道德价值观念

互联网的不断普及和发展,对人们的生活方式和思维观念产生了诸多影响,高校大学生作为核心网民群体自然受到影响最大。但事实上高校大学生缺乏社会经验,自我约束能力不足,思维方式和价值观念尚未完全成形,面对真伪难辨的网络信息,难免会受其影响,还有不少高校大学生被网游、网恋、网贷所迷惑,导致网络成瘾甚至违法犯罪。高校大学生一旦沉溺网络不能自拔,不仅耽误学业、浪费青春,更是愧对父母、一生遗憾。"打铁还需自身硬",只有树立正确的"网络媒介道德价值",提高自身"抵抗力",才能有效抑制网络媒介给高校大学生学习生活造成的消极影响。为此,高校大学生必须加强自我理想信念教育,启发高校大学生的网络道德自律意识。在运用网络的过程中,高校大学生应该主动深化对网络道德伦理的认识,从内心深处认同网络道德,积极拥抱"互联网+",要懂得发挥自身主观能动性,要懂得网络空间有所为有所不为,自觉抵制网络色情、暴力等的侵蚀,达到"从心所欲不逾矩"的道德境界。同时,在网络交往中依然要坚持诚信为本,网络交往说到底也是现实中的人的交往,虚拟世界也只是现实世界的延伸,要筑牢网络媒介道德价值的信仰基础。

习近平总书记多次强调指出:"青年要成长为国家栋梁之材,既要读万卷书,又行万里路[①]。"一方面,高校大学生应重视理论学习。高校大学生在学好专业基础知识的同时,也要借力思想政治课堂,认真学习并掌握思想政治理论知识,要学会用马克思主义的基本立场、基本观点与基本方法观察思考社会现象与社会问题,以社会主义道德价值标准规范自身思想与言行,不断在理论学习中坚定中国特色社会主义理想信念。另一方面,高校大学生要积极投身实践。高校大学生要想更好地了解世界、认识社会、理解人生就不能脱离社会实践,社会实践既是高校大学生开展自我教育的重要途径,也是内化理想信念的根本依据和关键环节。作为在校学生,学校组织承办的各类社会实践活动是高校大学生发挥才智、提升

---

① 引于习近平 2017.5.17 中国政法大学考察时的讲话

能力、巩固理想信念的最现实途径。举个例子，暑期"三下乡"社会实践活动，高校大学生在参与过程中不仅可以锻炼提升自身的实践工作能力，还可以基于自身的网络媒介技术优势，充分发挥网络媒体在活动纪实和宣传推广方面的作用，既能在实践中内化理想信念，也能在实践中培养积极正确的网络媒介道德价值观念，构筑起防范错误道德价值观念的防火墙。

### （三）养成良好的网络媒介行为习惯

法治意识是人们在现实生活中逐渐形成的一种自觉价值认同，就像意识对物质具有能动的反作用一样，法治意识也对人们的日常言行具有反作用，它深刻影响着人们的思想行为方式。网络社会的虚拟性和高度自由化使高校大学生在接触和使用网络的过程中产生了认知偏差，一些长期沉迷于网络世界的高校大学生甚至会产生错觉，误认为自己是这个"第二世界"的主宰，自己的行为与他人无关，可以肆意妄为，网络法治观念极其淡薄。

在此情况下，要提升高校大学生的网络素养，就必须从增强高校大学生自身法治意识做起，通过个体法治意识的提升来塑造群体良好的行为习惯，帮助高校大学生成为有纪律、有文化、有素质的好网民。因此，高校大学生应在积极学习《中华人民共和国网络安全法》《关于加强网络信息保护的决定》等相关法律法规的基础上，主动培养自身网络法治意识。高校大学生必须做到学法、懂法、守法、用法。首先，要认真学习网络法律知识，自觉遵守网络相关法律及管理条例，增强法律意识，树立正确的网络思维。其次，在网上要以法律为准绳严格要求自己的行为，任何时候都要紧绷法律之弦，不能越过法律红线。不得借助网络参与危害国家主权、安全和利益的活动，不得参与极端宗教活动。

高校大学生应该自觉做到以下三点：其一，有效合理地安排上网时间，锻炼自身网络定力，不过分沉溺于虚拟世界。可以考虑以班级或寝室为单位，组织成立网络自律小组或自律委员会，在参考网络法律法规具体规定的基础上，制订每日用网制度规范，通过内部监督，严格控制成员上网时长、内容及行为，逐步实现高校大学生网络媒介行为标准化、规范化。其二，不暴力、不色情、不低俗，以自身法治素养为社会和谐做出合理的贡献。不仅要坚持做到"非礼勿视""非礼勿传"，对于网络中层出不穷的各类不良信息、虚假信息和违法信息，高校大学生应合理利用网媒平台提供的监督举报渠道，坚决遏制其传播发展，维护健康网络生态环境。其三，网络交往应坦诚相待，主动加强网络诚信，减少网络行为失范。高校大学生应自觉树立网络"慎独"意识，严格遵守网络法律法规，划定自身网络行为红线,在合理范围内开展网络实践交往活动,进一步提升自身网络和谐生存发展的能力。

## 二、学校教育

### (一)网络素养知识融入高校思想政治理论课教学内容

从课程内容的分配来说可以从"思想道德修养与法律基础"与"形势与政策"这两门课程中寻找契合点。在"思想道德修养与法律基础"课程中融入网络行为能力类内容及网络情感观念类内容。

### (二)加强思想政治课程网络素养教学活动与社会实践结合

1. 完善思想政治课程网络素养教育内容,强化实践育人取向

一方面,要进一步丰富思想政治课的网络素养教育内容。思想政治课应在教材现有内容基础之上,扩充网络媒介基本认知与使用技巧、网络媒介道德与法律、网络媒介行为管理、网络媒介生活创新发展等多个方面的相关内容,这是提升高校大学生网络素养的最直接、最有效的方法和途径。另一方面,要加强思想政治课网络素养实践教学。

教师可以通过指导学生创作与思想政治课教学内容密切相关的网络海报、网络短视频、网络音乐作品等,并将学生网络媒介创作成果纳入课程考核评价体系,深化健全思想政治课程实践育人机制,实现思想政治课堂教学与网络素养培育实践的深度融合。

2. 发挥校园网络媒体资源的作用

要积极运用微信公众号、校园服务客户端、官方微博、新闻网站等校内网络媒体平台,对高校大学生进行知识技能教育与引导,让高校大学生亲身参与校园网络媒体的日常运营管理工作当中,在实践中进一步深化高校大学生对于网络媒介知识、使用技能、社会功能及本质特性的认知,提升高校大学生对于网络信息的接受理解、思考辨别、批判评价与综合运用能力。

"互联网+"使高校思想政治教育的环境变得更加复杂。在规范高校大学生网络行为的过程中,道德和法律应该相辅相成、共同作用。高校应该充分利用资源优势进行校园法制宣传,培养高校大学生的法律意识,引导其合理合法地使用

网络工具，正确利用网络平台表达诉求，不触碰法律的底线。高校还应该引导高校大学生增强网络安全意识，提高学生运用法律保护自己、抵制网络侵害的能力。同时，要从制度规范层面健全校规校纪，尽快弥补制度缺失，完善对高校大学生网上行为的现实约束管理制度。抓紧制订"网络使用规范管理办法""高校大学生网络道德规范""高校大学生文明用网倡议书"等。

3. 高效利用校外媒体资源创造条件

要加强与社会媒体的联系，积极邀请网络平台运维管理人员走进高校，与学生面对面交流、手把手教学，增加高校大学生对网络媒介的感性认识，拓展高校大学生的网络媒介视野。同时，高校还可以与校外网络平台建立合作关系，共同设立校外网络媒介实践平台，让学生走出校园，亲自参与网络信息的生产、加工、传播过程，切实了解网络媒介的运营机制和运作规律，进一步消除高校大学生对网络世界的崇拜和网络世界神秘感。

### （三）强化思想政治工作网络素养舆论环境与文化氛围营造

1. 全天候抓好校园网络信息监管工作

高校可以成立专门的网络信息管理部门做好校园网络监管与网络舆情分析，以便及时对涉及本校的网络舆情进行监测，制订相应的处理措施。具体来说，可以由教师和学生骨干共同组建网络信息监测队伍，对校园网进行全天候巡查和管理。例如，对校园秘密墙上的热点问题进行及时捕捉和反馈，对于不符合事实和可能造成不良影响的信息进行澄清并做出正确引导；对校园网发布的信息要建立审核把关、管理监控机制，对校内各级媒体的公告、活动信息均应实行审查式发布，包括网络链接也应逐一检查；切实贯彻网络信息发布主体责任，大力传播符合社会主义核心价值观的主流文化和思想观念，传播主旋律、正能量，遏制不良信息和外来思潮对高校大学生的腐蚀，净化校园网络舆论环境。

2. 多策略打造健康校园网络文化环境

加强校园网络文化建设，营造健康积极的网络文化氛围，对高校大学生的意识形态塑造及行为养成，增强网络素养培育的实效性与针对性具有重要现实意义。首先，高校要以思想政治教育专题网站和主题网页为核心，依托自身丰富媒介资源，打造涵盖校思想政治新闻、党建团建、红色文化、实践教学等多版块的校园全媒体传播矩阵。坚持共享性、全面性、开放性原则，以更广阔的国际视野、更独特的问题视角、更便捷的交互功能和更新颖的传播形式，增强校园思想政治网络文化活力与吸引力。其次，以新媒体技术为支撑，打造高校大学生喜闻乐见、充满青春正能量的校园网络文化作品。坚持作品的严肃性和活泼性相结合，多样性和时代性相结合，积极创作反映我党伟大奋斗历史、国家发展成就、学校文化底蕴、青年砥砺奋进等内容的优秀网络文化作品，激励学生努力成长、成才，建功新时代。最后，以网络文化活动为辅助，高校大学生社团组织开展内容丰富多样的活动，能够有效、充分的调动高校大学生的参与热情，是高校大学生网络素养培育的重要实践平台。高校应利用学生社团组织开展的各种网络文化活动，如网页设计大赛、App创新设计大赛、网络短视频创作大赛等，同时将高校大学生普遍关注的网络热点融入活动内容之中，有效引导高校大学生接触、了解网络信息生产传播的规律与特性，有效推动高校大学生网络素养提升。

## 三、社会参与

### （一）媒体大力加强网络行为的规范和自律

网络信息的传播离不开媒体的参与，一定程度上，媒体的行为取向对社会网络环境及舆论的发展走向具有重要影响，自然也将直接影响高校大学生网络素养培育的社会环境。由于新媒体具有信息选择的自主性、信息传播的高效性，因此促进了高校大学生平等意识、参与意识的不断提高。同时，新媒体技术为公众创造了平等对话的平台，弘扬和培育了人的主体性，也为高校大学生创造了更多的自主学习、合作学习的机会。高校思想政治教育工作要紧跟时代的步伐，借助新媒体平台，以人为本、以学生为主体，构建思想政治教育学习共同体，确立高校大学生和高校教师之间平等的关系。教师的主导作用主要体现在尊重学生的选择，引导学生、激励学生、帮助学生，充分激发学生的主动性和积极性，促进学生与专家、教师、同伴的互动和分享交流，在群体中获得知识、技能及社会规范，促进自我教育和自觉行动，更有利于提升思想政治教育的实际效果。

因此，大力加强媒体行业网络行为规范与自律，既是促进行业自身规范发展的应然，也是广大媒体从业人员勇于担当社会责任的必然。

第一，培养提升媒体从业人员的网络素养，加强职业道德建设。网络自媒体时代的到来，使公众进入媒体行业的门槛大大降低，也造成了媒体从业者素质的良莠不齐，内容质量混乱不堪，媒体公信力下降等问题。面对种种行业乱象，固然可以从市场等方面找到客观原因，但媒体行业如果想要做到真正自律，必须从主观层面入手，切实提升媒体本身及其从业人员自身的网络素养，以及职业道德素质。首先，媒体从业人员要强化政治理论学习，自觉树立"人民至上"的传播理念和道德价值观念，坚持以政治正确为前提从事网络信息生产传播活动，这是新时代媒体蓬勃发展的情感基础和共性要求。其次，媒体从业人员要强化专业理论学习，通过专业知识书籍、网络公开课、培训讲座，积极培育自身网络素养和法治意识，增强文化修养，自觉规范行为，严守道德底线，紧跟智能网络时代发展步伐，依法依德做好网络信息内容选材、编辑和传播等工作。

第二，持续强化媒体行业自律与自治组织建设，完善内部监督管理机制。我国网络媒体的自律与自治实践探索始于20世纪90年代末期，基本与西方发达国家同步。

时至今日，国内各级、各类媒体行业协会、联盟、理事会可以说是遍地开花，影响范围小至区县大至全国，他们在组织管理、引导服务，以及推动行业自律发展方面发挥了重要作用。但在具体实践过程中，媒体行业自律建设又高度依赖于行政和法制力量推进，致使国内媒体行业自治组织大部分具有明显的官办性质，并且缺乏对企业和个人强有力的处罚制约手段，整体作用十分有限。因此，必须进一步强化媒体行业自律与自治组织建设，结合社会组织与行政部门脱钩改革，转变行业自治组织的官办色彩，限制行政权力干预。

### （二）平台持续推进信息技术的优化与完善

优质的网络素养培育平台，能够便于高校大学生深化网络素养的学习，也能够向非高校大学生网民分享大学的优质学习资源，推广网络素养培育。

然而，在网络信息规模持续快速扩张，平台技术竞争日益激烈的时代背景下，单纯依靠道德自治与法律规制把关，仍难以将形式多变、五花八门的不良信息阻挡在高校大学生的网络生活之外。在现有基础上进一步优化和完善网络信息技术，最大限度规避信息技术的发展缺陷，以打击遏制不良网络信息，这是保障整个网络空间健康有序运转的重要手段。

第一，持续完善审核制度，做好信息"把关人"。目前，国内各大网媒平台均建立了一套属于自己的信息发布审核机制，其中相对主流的搭配是以机器识别为主，人工审核为辅。以今日头条为例，用户发布信息后会首先进入机器识别环节，依靠鉴黄模型、低俗模型、谩骂模型及泛低质模型等算法模型支持，机器能够对涉黄、暴力、低俗、敏感词汇、假新闻及黑稿进行过滤，而对于机器无法识别的信息将会交由平台工作人员进行二次复审，最终确定信息是否能够过审。

但面对千奇百怪的网络信息内容，机器识别不可能做到完全精确过滤，这为部分别有用心的人利用平台审核机制缺陷和漏洞发布不良信息提供了可乘之机。因此，网媒平台需要继续加强网络信息技术研究，通过改良机器算法、加强人工审核、提高平台巡查强度，进一步改进和完善信息审核监管机制。举个例子，腾讯科技就成立了"企鹅巡捕大队"，并面向企鹅号作者和用户招募队员，有效扩充了自身监管巡查队伍。

第二，优化算法推荐机制，破除信息茧房。信息茧房的最终形成高度依赖网媒平台绘制的"用户画像"与BD算法推荐机制。所以，必须从技术层面入手优化平台算法逻辑，完善推荐机制，限制单一类型信息浏览上限，主动引导或提示用户阅读其他类别的网络信息，减缓或阻止信息茧房生成。为此，算法优化必须坚持以人为本，在对照用户喜好进行兴趣推荐的同时，也要强化用户情绪感知和自由探索，克服简单机械化推荐的弊端。此前，国内IT巨头奇虎360就在搜索引擎的基础上提出了"探索引擎"概念，通过高阶智能算法支持，它不仅能有效拓展受众信息接收的深度与广度，还能通过情感跟踪智能引导用户检索信息，提升强化了网络科技的人文关怀取向。

### （三）政府不断完善制度监管的支撑和保障

网络世界的开放性、虚拟性、隐蔽性、自由性等主要特征，为一些网络不当言行提供了生存空间。就网络时代发展趋势而言，要维护良好的网络秩序，为高校大学生网络素养培育创造良好的网络环境，既需要加强媒体行业自律、内部监督巡查与信息技术优化，更需要政府施加强有力的外部监管。其中法律法规的制定与严格执行是政府监管的核心手段。

构建良好、健康的网络环境要充分发挥政府的保障作用。首先，政府要依法治网，健全法律法规，加强对网络的管理。建立一支政治素质过硬的网络警察队伍，坚决打击网络违法行为。从源头上清理各种乌烟瘴气的污染网络环境的信息，杜绝其蔓延和传播。其次，政府要充分发挥职能和作用，联合社会各界努力维护良好的网络公共秩序，建设安全健康的网络环境。积极在网上宣传正能量，疏导社会负能量；主动用社会主义意识形态占领网络阵地，运用马克思主义科学的世界观和方法论及时回应高校大学生的诉求，解答高校大学生的困惑；还要加强对网络媒体平台的管理，对于黄、赌、毒等危害高校大学生健康成长的内容要坚决删除，最大限度地净化网络环境。

# 第四章 新时期大学生思想政治课程教学改革

本章主要围绕新时期大学生思想政治课程教学改革展开论述，依次介绍了大学生思想政治课程教学原则、大学生思想政治课程教学现状、大学生思想政治教学改革背景、大学生思想政治教学改革与创新路径四个方面的内容。

## 第一节 大学生思想政治课程教学原则

### 一、坚持以人为本

#### （一）坚持人本原则的意义

坚持人本原则就是坚持贴近主体之一的受教育者群体。大量具有重复性的精准社会调查均证明，现如今我国青年学生的政治素养和思想教育水平总体来说较为良好。他们在日常生活和学习中思想活跃、拥护中国共产党、热爱祖国，并在社会和学校的双重影响下成长为对中国道路、理论、制度、文化等方面充满自信的社会中坚力量，并且坚信社会主义现代化伟大蓝图和中华民族伟大复兴的壮阔目标能够实现。而作为思想政治教育理论传播载体的高校如果不能够深刻认识到贴近青年学生，彻底了解他们思想变动历程的重要性，那就只能被认为是进行"灌输式"的填鸭教育。教师应更进一步地与学生沟通交流，运用全新的教育教学方法去了解青年群体的思想症结、心理诉求，将自己置身于青年学子的群体中去，才能在生活和学习中与他们进行更好的交流和沟通，达到教育双方的相互理解和支持。

#### （二）坚持人本原则的途径

1. 实现教育者与受教育者双主体地位

首先，要尊重教育者的主体地位。在思想政治教育中，教师扮演了一个举足轻重的角色，虽然在大学阶段众多学生生理上已经成年，他们朝气蓬勃，勇敢上进，但与此同时他们同样也是一个意志力较为薄弱的群体，世界观、人生观、价值观还未完全扩充完整。如果没有教师正确和合理的引导，很容易在意识形态上产生偏差，进而对个人甚至学校和社会产生严重的负面影响。高校思想政治教育就是要发挥出教师的引导作用，充分了解学生的成长环境及人生经历，尊重其个体的独立与个性，将理论方法逐步以学生所能接受的方式进行德育教育。其次，也要尊重学生作为主体之一所产生的不可忽略的作用。思想政治教育工作者必须让学生意识到自己的主体作用，使其产生强烈的主体意识，在日常学习和生活的交流中逐步培养起学生的自觉学习态度，真正做到心中有律，行动有规。只有达成教育者与被教育者双主体地位的共识，才可以让思想教育理论不断地得到创新与发展，加强思想政治教育在现实生活中的实践作用，使主体之一的受教育者成为我国社会主义现代化建设的中坚力量。

2. 坚持科技背景与教育方法创新的完美融合

现今是大数据人工智能的时代，各种科学技术层出不穷。思想政治教育作为教育体系中极为重要的一环同样也需要跟上时代潮流，利用科学技术是相对教学方法的创新与发展。先进教育必须更注重培养能力，但是能力必须与自身知识体系结合在一起才能发挥更大效用。所以努力做到知识与能力的结合才能在科技时代实现科技与教育的创新发展。要想让思想政治教育的实效性得到提升，教育者一定要将自己置身于科技发展水平不断推进的历史发展进程中，做到因势而新。正确认识我国与西方发达国家之间的差异，全面地、客观地认识当代中国的教育环境，并与国际接轨，不断提升自身教育的质量与水平。在教育手段上的创新往往体现着一个学校对思想政治教育的重视程度，不断开展课外的实践活动，如田野调查或红色之旅等，是让一部分"五谷不分、四体不勤"的青年学生体验 rp 近代中国生活的最直接的方式，也是历史与现代的一次跨时空连接。还有线上慕课等大量利用网络平台衍生出的全新的教育教学方法，不仅创新了思想政治教育的传播模式，也合理优化了对被教育者的考察结构。基于此，各大高校更应该积极合理地利用其网络平台，对高校大学生进行多方引导，让其合理上网、文明上网，全面提高网络化时代高校学子的整体素质。

3. 关注学生的身心特点

人是独立的个体在社会实践生活中形成的区别于他人的特质，新时代高校大学生的显著个性主要表现为精力旺盛、个性鲜明，思维观念多样且多变。这要求我们在教育过程中应当尊重高校大学生的成长规律，把握他们的思想实际和身心特点，拒绝千篇一律，做到因人而异，因材施教，理解尊重学生的个性差异，包容看待存在特殊情况的个体,针对不同主体的不同情形对高校大学生进行有区别、有分类地教育工作,为高校大学生个性的充分自由发展提供空间。运用学生喜欢的合理方式进行教育,让他们真切感受到被尊重,进而培育健康、积极的人格。譬如,学校可以借助多种网络新途径整合线上线下相关的教育资源,运用各式各样的、契合学生思想实际的形式,激发青年学生强烈的思想共鸣,使其自主将所学内容内化为价值观念,外化为切实行动,提升教育效果。

4. 加强高校立德树人教育环境的基础建设

科学文化知识与人文情怀精神是高校区别于其他教育传播载体的关键所在,校园文化环境无论是对教师还是对学生都会产生极为重要的影响。首先,要把师德师风建设放在首要位置,教师不仅是专业知识的教授者,同样也是道德教化的传播者,师风师德建设是高校立德树人教育环境基础建设最重要的一环。这要求高校教师不仅要有高学历,还要具备高尚品德,只有这样才能对学生产生积极正面的影响,对整个高校环境起到至关重要的作用。其次,是必须把马克思主义的指导作用放在首位,以科学性和革命性统一的马克思主义指导思想为主体,根据受教育者的需要开展丰富多彩、创新十足的校园文化活动,具体切实地贯彻理论上有指导、实践中有规范。最后,要在校园网络平台中坚持宣扬立德树人理念,将高校人本原则的思想政治教育方法和观念合理植入学生群体心中,让他们从内心产生强烈的认同感和荣誉感,并且以自身行动积极维护校园文化环境的创建。

5. 引导受教育者个人完整人格的塑造与发展

人本原则的基础环节就是受教育者作为独立个体的完整人格塑造与发展。高校教育的价值所在是源源不断地向社会输送高素质高文化的人才。面对激烈的社会竞争,高校思想政治教育人本原则的重要症结就在于,怎么样才能在校园环境内实现受教育者完整人格的健全发展。现今社会,不仅要求青年学子有更高的文化素养、科学素养,更要求其作为社会中的一个独立个体,有其完整人格的具体展现和政治态度的积极方向。高校思想政治教育就是在人本原则之下,使青年学子自信、自立、自强,不断引导和发展他们成为整个社会的优良建设者,且能在飞速发展的社会环境下做出积极应对以保证自己不被社会所淘汰,还能为社会的发展、国家的富强做出贡献。只有这样才能实现自己的人生价值,在面对未来世界挑战的时候才能够做到从容不迫。在我国的教育体系中,高校思想政治教育是非常重要的组成部分,只有在高校思想政治教育工作中坚持人本原则,将"一个主体"的观念彻底打破,充分尊重教师在教学引导上的主体作用,充分认识学生在树立正确的世界观、人生观、价值观，为整个社会奉献青年力量的主体作用，培养教师在教学中的主动创新性和学生在学习过程中的主动接受性，在科学的马克思主义理论引领下，才能真正实现中华民族的伟大复兴。

## 二、坚持把好方向

新时代高校大学生的思想受社会关系和社会环境的影响程度不容小觑，尤其是在自媒体环境下，各种网络信息围绕在高校大学生周围且快速散播，各方面的因素都影响着他们正确价值观的形成，而且人的思想也具有可塑性，这就需要我们在发现问题时及时做好思想政治教育工作。但事实上，让思想政治教育的内容完全走进学生的头脑中并不是一件容易的事，高校思想政治工作者应从"心"出发，从培养学生政治认同、思想认同和情感认同三个层次推进认知认同教育，由浅入深、逐渐升华，通过培养学生的光荣感、使命感和坚定学生理想信念的方式确保思想政治教育工作方向准确，让学生正确的思想观念得以养成。

### （一）加强政治认同教育

政治标准是毛泽东对青年一代教育的首位标准，他认为业务再好的人才如果政治上不过关也不是合格的人才，他在不同的场合多次强调过这点。例如，"没有正确的政治观点，就等于没有灵魂。"

现阶段，高校大学生政治认同最重要、最核心的一点是对中国特色社会主义道路、理论和制度的认同，并且当前整体状况是积极良性的。但由于高校大学生思维活跃，政治敏锐性较强，在入学、就业、自身权利保障和家庭利益诉求等方面可能会对现状不满意。并且，受不可逆转的经济全球化浪潮的影响，中国社会整体进入了信息化阶段，已逐步形成多元思想文化碰撞的格局，生活在当下信息泛滥的环境中，各种没有经过过滤和甄别的信息充斥学生们的现实生活当中，而高校大学生们对政治价值和政治规范的认知尚且不足，因而容易导致他们的政治认同与信仰产生动摇。针对这种情况，如果对高校大学生缺乏准确及时的教育引导，定会对个人甚至国家造成巨大损失。

### （二）提升思想认同意识

思想是行动的先导，认同是践行的前提。一种思想、理论被群众认可即可能产生巨大的力量，从而转化为人们的思想观念，对人们的行为产生实质性的影响。

思想认同，是在思想认识层面，根植于人们内心，建立在对当代马克思主义特别是习近平新时代中国特色社会主义思想理性认知、准确把握的基础之上的彻底认同，让学生做思想上的"清醒人"。

但新时代的高校大学生价值观多样多元，受复杂环境的影响，他们的价值观念和思想行为受到不同程度的干扰。因此，用新思想武装高校大学生，开展有效的思想认同教育，提升新思想的号召力、说服力、亲和力和覆盖面将成为有效地解决这一时代课题重要的一环。

### （三）促进情感认同融入

帮助高校大学生健康成长，以及为国家培养可靠的社会主义事业接班人是高校教育的职责所在。但在实际教育实践的过程中，由于思想政治理论课与其他课程教育不同，它本身无法像其他课程一样进行客观尺度的量化评定，社会对其衡量度还不深入完善，因而学生自己也不够重视。而我们又不能光靠对抽象理论的空洞说教和僵硬的制度约束来改变这一现象，因为对高校大学生进行思想政治教育是一个需要注入情感的过程，一旦获得情感认同就能根据思想政治教育的要求去规范约束其思想和行为。

因此，加强情感认同的整合，充分调动学生的积极情感因素，通过"情感"搭建高校大学生和高校教师之间的桥梁是明智之举。触动学生们内心深处最朴素、最柔软的地方，使其增强对教育内容和主要手段的认同度，激发同理心，必要时还可"投其所好"，让学生自觉自发地认同马克思关于未来世界的美好设想，以及我们党的路线、方针、政策。因此，高校思想政治教育不应是一律共性地强制灌输和考核，应遵从学生个性化的成长规律，充分考虑每个学生的道德认知和情感需求，努力实现在心理情感方面与之产生共鸣，使学生听之可信，信之能行，行之有效。

## 三、坚持实事求是

思想政治教育重点是做人的工作，受家庭、学校和社会等各方面因素的影响，新时代的高校大学生的成长发展呈现出崭新的特点。这就要求教育者在教育过程中不能千篇一律，毫无生气，而应切实遵循高校大学生成长规律，时刻关注学生的思想实际和身心特点，注重人性关怀，了解学生的成长需要，并让学生从思想政治教育中有所进步，增强受教获得感。

### （一）思想政治教育必须适应我国社会发展的客观实际

群众作为社会的主人，其本质是一切社会关系的总和。因此，群众个体所拥有的社会关系及社会意识等因素，不仅会对群众思想的变化发展产生影响，而且还会对其起到制约的作用。思想政治教育对于群众个体与群体的思想转化都要加以重视，并且要重视社会风气及舆论能够起到的作用。这就要求，思想政治教育出发点与立足点一定是社会发展的实际，以及群众的思想问题现状。不仅应该将群众看成是一个整体，在相同的起点上进行教育，正应该对千差万别的群众思想问题深入细致地进行研究，并对其加以有效地解决。这样一来，就能够让理论与实践紧密地联系起来，让思想政治教育本身的针对性及有效性得到增强。要想对群众思想发展变化的规律有准确的了解与掌握，就只能与实际紧密贴合，做好与之相关的调查研究工作，让思想政治教育的针对性、系统性及创造性不断得到增强。

### （二）用求实原则指导高校"全员育人"

首先，高校要以实事求是为原则，进一步完善思想政治教育的领导与制度，把求实原则贯彻到思想政治教育教学及日常的工作中，不仅应该反对所有的形式主义作风，也要反对任何形式的弄虚作假，进而促进思想政治教育的领导与制度的完善，提高高校思想政治教育工作的有效性。

其次，高校思想政治教育工作应该依靠全体教职工，而不能仅仅依靠思想政治理论课教师或专业课教师。提升高校全体教职工的育人意识，要以实事求是为原则，充分考虑高校教职工的人群特点。一方面，要选择合适的载体，利用各种现代化科技手段提升高校教职工的育人意识；另一方面，高校要以实事求是为原则对全校教职工的思想态势进行调研，通过对他们思想现状的准确把握，有针对性地提高他们的育人意识。

最后，在求实原则的指导下进行高校校园文化建设。一方面，高校要以求实原则提升校园物质文化水平，提升校园形象与风貌，对和谐的校园文化氛围进行营造，使学生在潜移默化中接受文化教育；另一方面，高校要以求实原则提升校园精神文化水平，经常开展校园实践活动，从而让学生的综合素质得到提高。

## 四、强化融会贯通

### （一）做好话语转换

思想政治教育话语作为一种言语符号，促进高校大学生和高校教师之间的有效交流与沟通是它最重要的任务，是顺利开展思想政治教育工作必不可少的媒介，高校思想政治工作者善于巧妙艺术地运用思想政治教育话语亦是必须。

当下，思想政治理论课面临的一个十分尖锐的问题就是实效性，也就是教学目标要求的实现程度不强。不言而喻，这与思想政治教育话语是密不可分的。其一，思想政治教育话语应当是具有显著时代性的，不同的话语体系体现的是不同的时代特征。因此其话语内容应当在意识形态一元化的基础上被赋予新的时代内涵，长期偏离时代、形式单一是不利于新时代的高校思想政治工作开展的。其二，思想政治理论课的教材话语惯用严肃的政治话语去表述党的路线、方针、政策，运用深奥的政治理论去解释晦涩的理论，具有极强的政治权威性。但在思想政治教育过程中，学生更倾向用大众化、生活化的学习方式和借助日常生活话语来表达自己的思想观念和思路见解，而单纯使用控制式、劝说式的方法和文本色彩太过浓厚的教材术语，就很难激起学生们的兴趣热情、心灵共鸣和价值认同。其三，新媒体时代背景下的高校大学生追求个性化、差异化和独立性，主体意识日趋增强，对于思想政治话语，他们在客观事实上接受只是基础，但更根本的应是价值认同和信仰性接受。马克思主义理论体系具有丰富的内涵，如果教师在授课过程中话语不经转换，照本宣科、原封不动地对高校大学生进行理论灌输或政治宣讲，不仅科学理论的丰富内涵没有得到深入的解读，而且会引发学生的排斥感和逆反心理，教学效果相应也会下降。为此，新时代下如何契合高校大学生的学习诉求，恰当合理地转变调适话语方式，运用学生能听懂听进的、喜闻乐见的、易于接受的话语表达来传递一些宏大权威的政策、文件、理论话语，将思想政治理论转化为遵循学生成长规律、适应学生发展特点的教学话语，使之成为对学生成长管用的道理已成为提升思想政治理论课实效性的关键之一。高校思想政治教学话语应是面向高校大学生生活实际和内心世界的，并且在关注他们兴趣爱好的同时，也应给予学生一定的空间和更多的话语权以充分表达自己的声音，阐释自己的独特见解和思想理念，只有这样，才能让思想政治教学更加有生命力、有意义、有活力。

### （二）注重实践教学

实干圆梦，实干兴邦，离开了实践，再好的思想政治教育都是空中楼阁，昙花一现。就"重视实践"这一观点，历届国家领导人不厌其烦地强调过，即使到了新时代的今天也仍然大有裨益。思想政治教育教学应实现理论教学与实践教学相结合，通过课中实践、社会实践等方式提高高校大学生的综合素质。一方面，参加校内外实践可以让学生在奉献社会的过程中认识到自己的价值，在切实的自我体验过程中有所感悟，从而转化为淌进自己血液的道德认知和与之相适应的道德行为。另一方面，参加实践活动可以让学生们看到、了解到很多没有接触过的事物，帮助学生们开阔视野，增强思考及有效解决问题的能力，把在校学习的理论运用到实践，也能及早发现自己与工作岗位所需的素质之间的差距，并更加珍惜校园生活，及时弥补和充电。

除此之外，高校大学生在校的主要时间和任务虽然是接受课堂教学，但作为教育者不能局限于书本知识，只关注理论灌输。由于社会环境、校园文化和教师有效引导等因素的影响，学生们对于课外甚至校外活动的热情日趋高涨，自身的实践能力也在逐步提升，这都为高校实践教育奠定了很好的基础。因此，在思想政治工作中，教师们可以充分利用生活中那些能够引发人感动和思考的事迹，并以此来作为引导，让学生得到启发。为增强学生的社会责任感，教师还要注重引导学生深入社会、了解社会，根据学生的实践需求组织学生参与活动，实现知行合一。

### （三）善于潜移默化

邓小平同志曾提倡，有效地解决人的思想认识问题应真正符合人的思想变化规律，借助民主的方法、科学的理论柔和性地渗透，说服教育群众，而不是强制压迫。所谓潜移默化的隐性思想政治教育，是一种把教育内容融入环境、文化和生活当中的，能够不为教育对象所意识到的教育，引导受教育者在良好的氛围和各项活动中形成某种体验感受，并潜移默化地内化为自己思想价值观的教育形式，体现出教育目的隐蔽、教育手段间接和教育过程轻松等特征。它强调润物无声地发挥效应，这样能够有效降低学生反感、逆反情绪产生的可能，使其在无知觉中受到健康向上的熏陶教育。

当代高校大学生个性鲜明，头脑灵活，对于纯粹的理论教学、灌输教学略有排斥，而且高校大学生的道德情操和价值观念不是单纯通过课堂上的讲解就能获得的，而是需要在学习和生活中循序渐进地汲取和提升。

首先，从尊重当代高校大学生的成长规律出发，正确了解把握学生的思想现状和成长需求，运用正确的、贴近生活与实际的教育方法潜移默化地感染高校大学生，实现"生活处处有思想政治理论课"，思想政治教育无时不有，无处不在，让部分学生摒弃思想政治理论"假大空"的观点。

其次，创设具有隐性教育作用的教育环境。思想政治教育仅仅依靠思想政治理论课的灌输和相关工作人员的说教是不行的，它需要借助各部门人员合力来激发高校大学生的思想共鸣。

最后，潜移默化的思想政治教育具有教育目的隐藏的特性，高校可以以多姿多彩、生动活泼的形式吸引高校大学生，合理选择新时代高校大学生认可的丰富多样的载体和主要手段，紧紧围绕学生的日常生活与实践活动，并把合适的生活素材融入思想政治教育内容当中，让学生在别具匠心又轻松和谐的环境氛围中受到潜移默化的教育。

## 第二节 大学生思想政治课程教学现状

### 一、课程体系的构成及作用

高校课程体系由目标要素、内容要素和过程要素三大部分构成，其作用也就此被决定。

首先，在人才培养方面具有指向性作用。诚如其内涵的目标要素，课程体系关于人才培养目标的设定，内在确定了培养方向，是各个专业显示区分度的首要标志。以化学教育和化学工程两个专业为例，在人才培养定位上，化学教育侧重大学或者中学师资力量培养，化学工程则侧重化工类人才队伍的培养。所以，两者的课程体系在培养目标上的差异，就决定了培养方向的差异。

其次，课程体系在人才培养方面具有规定性作用。规定性是由指向性衍生而来，方向不一致，培养路径、培养方法、培养内容显然就会有所差别。其中内涵的内容要素具有决定性，所以，我们习惯称呼的专业人才是由不同的培养内容决定的。

第三，课程体系在人才培养方面也具有引领性作用。课程体系往往先于教学体系设定。也就是说，某一个专业及其相关人才培养的计划一旦制订，首先必须规范课程体系，如果时代变化，课程体系一成不变，那么就失去了专业人才培养的社会意义，该专业也就走到了被淘汰的边缘。反之，如果课程体系因时而变，顺应社会发展现实，以社会需要作为课程体系优化完善的依据，那么从这个意义上，课程体系就具有引领性作用。

### 二、课程教学面临的疑难问题

#### （一）高校大学生对思想政治课程价值的认识存在误区

高校大学生对高校思想政治课程价值的认识存在误区，是造成高校大学生不太认同此课程的内在原因和根本原因。而造成他们对此课程价值产生错误认识的原因又是多方面的，主要表现在以下三个方面。

第一，高校大学生的心智和能力有待提高。高校思想政治课程是一门综合性、理论性、思辨性较强的，强调自主分析问题、有效解决问题的学科，它需要高校大学生具备比较完善的知识结构、较强的辩证思维和逻辑分析能力，拥有一定的社会阅历和较强的心理素质。而当代高校大学生的以上能力因种种不良因素的影响有待提高：其一，大部分高校大学生来自独生子女家庭，从小学到高中，生活上都是由父母精心安排，学习上由学校、老师给予教科书式的计划，这在一定程度上造成了他们的心智不够成熟，自主学习能力和学习的主动性欠缺，分析、认识和判断新事物的能力匮乏；其二，中学阶段的他们为了顺利升学，而把绝大部分时间用在学习上，致使他们很少接触社会，造成其生活阅历较浅；其三，由于中高考制度的弊端，使得他们的专业课学习几乎占据着全部的学习时间，很少去学习其他方面的知识，从而造成他们的知识结构不够完善；等等。以上因素容易使部分高校大学生因觉得此课程抽象难懂，而失去学习的兴趣和动力。长此以往，就会使他们因体验不到这门课的作用而对其价值形成错误的认识。

第二，不良环境的冲击。一方面，不良社会现象和网络的负面影响。当前我国市场经济在不断推进和快速发展，但其相关法律法规却比较滞后和不完善，使社会上出现了诸如贫富差距加大、人情冷漠等不良现象；网络具有双面性，尤其是对于作为新一代"弄潮儿"，正确的价值观念和较强的价值判断能力又尚未形成的高校大学生来说更是如此。网络上的虚幻性、理想性遮蔽了生活酸甜苦辣的真面目，网络向青年高校大学生描绘的部分生活蓝图里没有艰苦奋斗、只有本该如此，没有泪流满面、只有欢声笑语，没有规律、只有巧合。这些不良现象和"网络生活蓝图"与高校思想政治课程的许多观点是背道而驰的，这就使得处于正确"三观"形成时期的高校大学生，错误地认为高校思想政治课程是不可信和无用的，从而对此课程的价值产生错误的认识。另一方面，功利主义的侵蚀。随着我国改革开放水平的不断提高、经济全球化的进一步加强等使一些不良思想和观念侵蚀着高校大学生的思想，误导着高校大学生的价值取向，使得部分高校大学生逐渐形成了实用主义的判断标准和功利主义的价值取向。再加上，我国严峻的就业形势和用人单位片面强调专业技能而忽视思想道德素质的用人标准，使部分高校大学生把关注自身未来生存状态，和如何更好地就业放在首位，而把为早日实现中国梦和共产主义理想而奋斗视为空洞无用的说教.他们判断一门课程是否有用的标准是能否为自身未来的就业增添砝码，在他们看来高校思想政治课程是属于不能直接为他们未来就业服务的课程，是无用的。

### （二）思想政治教学主体的变化

我国思想政治教学的主体现今正处于一个变革的过程之中。尊师重道是我国教育的传统形式，从我国古代延续至今的传统观念决定了教师地位与学生地位的不平等性特点。在新时代的教育和社会新的要求促使下，我国逐步由教师主体向学生主体转变。教师如何开展教学，如何认识学生、对待学生？这都要体现学生的主体性原则。学生不仅仅应该是学习的受体，更应该作为发挥主观能动性的主体。在思想政治教学积极倡导以学生为主体的大背景下，各学校积极开发新的教学模式以改革取代旧的教师主导的教学模式。"翻转课堂"、"微课"教学、"慕课"教学等都得到积极地运用。这其中就存在一个"度"的问题。思想政治教学内容的特性、教学科目的特点、学生年龄特点、学习能力等决定了应该使其有针对性地进行改进式发展，而不应该盲目仓促开展新的教学模式。

### （三）高校思想政治课程教师的综合素质有待提高

第一，职业使命感有待提升。专业认同感和专业理想信念是此课程教师爱岗敬业的重要精神支柱，然而现实生活中，一部分教师因对此课程的价值和作用认识不到位，而只把自己所从事的该课程教学看作是谋生手段或一份工作，认为只需要按部就班地完成学校、学院安排的教学任务即可；同时，部分教师因自身的共产主义理想信念不够坚定，而对自己以前所学专业和课堂上所讲内容不信服，这在一定程度上影响着他们的教学热情和动力。缺乏专业认同感和专业理想信念的教师是不可能把高校思想政治课程教学作为一项神圣的事业去追求，从而产生自豪感和使命感的。

第二，理论素养有待加强。高校思想政治课程不仅具有特殊的功能属性，还具有学术性，需要此课程教师能够对一些专业问题做出观点鲜明、有说服力的解读，以增强个人学术魅力，这就要求此课程教师要具备较高的专业知识素养。同时ym高校思想政治课程又是一门综合性较强的学科，涉及哲学、经济学和法学等学科知识，这就要求高校思想政治课程教师不仅要有较好的专业理论素养，还要具备完善的知识结构和敏锐的观察能力，保障其能够站在理论研究的前沿和社会现实的角度，准确地为学生分析、解答一些复杂的社会现象和问题，彰显自身学识魅力，进而增强高校大学生对高校思想政治课程的学习欲望。然而，现实中部分高校思想政治课程教师存在着专业理论素养不够高、知识结构不够完善、科研能力不足，以及观察、分析问题能力不够强等问题，这就造成他们在面对一些艰涩难懂的马克思主义理论专业问题，和复杂的社会现实问题时，显得不知所措，无法做出令学生信服的解读，和耳目一新、准确合理的独到性见解，无法激起高校大学生的学习兴趣。

第三，教材体系转化为教学体系的能力有待提升。高校思想政治课程教材体系向教学体系的转化，需要教师具备能根据教材体系组织好授课语言、科学整合教材内容和合理重塑授课内容等能力。但现实中部分高校思想政治课程教师，特别是资历较浅的教师的这些能力却有待提高。首先，语言艺术有待提高。高校思想政治课程教师要能将晦涩难懂且带有浓厚政治色彩的教材书面语言进行加工，并通过通俗化、幽默诙谐的教学语言表达出来，从而让高校大学生更容易理解和接受，然而现实中部分高校思想政治课程教师只是照本宣科，照读教材或PPT，这样不仅不利于高校大学生理解教材内容，也容易触发他们的抵触情绪，从而影响着课程的教学效果。其次，整合教材内容的能力有待提升。一方面，高校思想政治课程的内容丰富、理论众多、信息量大，在仅有的上课时间里，教师不可能做到面面俱到。另一方面，高校思想政治课程的内容在纵向上，与中小学阶段的思想政治理论课有重复；同时在横向上，高校思想政治课程内部的不同课程之间也有重复的地方，虽然它们有所侧重，但事实上内容的重复性会客观地削弱高校大学生的学习热情，这就需要高校思想政治课程教师在结合教学大纲，对此课程教材体系内容整体把握和高校大学生已有知识水平的情况下，对教材内容有所取舍和侧重，准确把握教学重点。然而现实中有部分教师分不清教材内容主次，在教学中"平均用力"，在有限的课时内为完成教学任务而采取单项式的教学模式和满堂灌的教学方法，忽视了高校大学生的接受能力和课堂效果，严重影响了教学实效性。最后，重塑教材内容的能力有待加强。高校思想政治课程的理论性、逻辑性较强且较为枯燥，不容易引起高校大学生的学习兴趣和被其所理解，这就需要高校思想政治课程教师将教材内容与现实生活相结合，把高校大学生在日常生活中能体验到、接触到的东西或问题融入教学实践中，使高校大学生觉得教材上的高深理论离自己并不遥远，进而产生熟悉感和亲近感，这样更容易被高校大学生所接受。然而现实中部分高校思想政治课程教师的这种能力却有待加强，影响着高校思想政治课程的教学效果。

## （四）教育对象思想杂化

首先，高校大学生缺乏对思想政治科学理论的真实信仰。根据调查结果显示，大部分学生表示自己对高校思想政治课持积极主动的态度，但由于我国高校的教育体制，以及国家选拔类考试大多倾向于应试教育，因而呈现出重智轻德的现象。学生所表现出来的对思想政治教育积极的学习态度，绝大多数是应付考试或修学分，并非发自内心地接受思想政治教育知识，也并非真正信仰思想政治相关科学理论。由于教学模式和教学方法单一枯燥，与实际联系不紧密，造成了学生对思想政治教育相关科学理论产生"不实用"的心理暗示。加之信仰对象多样及家庭环境的影响，高校大学生甚至出现宗教信仰，以及伪科学等封建迷信的思想行为。

其次，高校大学生缺失高层次的理想信念。随着改革开放的不断深入，社会的利益格局出现了深刻变革，人们对于自身利益的追求更为迫切。这是特定历史条件下社会发展的必然结果。值得注意的是，高校大学生由于思辨能力和知识储备所限，受社会环境的驱使，更多地将自身利益局限于个人的物质利益，将自身的发展游离于国家和民族利益之外，抛弃了对高尚理想信念的追求。高校大学生实现职业理想的目的是追求更好的自身利益和自身发展，这仅是低层次的自我理想，而并非为社会主义事业的建设贡献力量的伟大追求。

最后，高校大学生价值观存在偏差。当前，部分高校大学生受西方思潮而产生了享乐主义、个人主义等负面思想，以及在社会主义市场经济影响下而产生的功利主义、利己主义等思想，这些与我国所推崇的优良传统精神形成对立，并展开了对高校大学生思想激烈的争夺战。部分高校大学生受多元化价值观和思想的影响，出现了奢侈浪费、攀比心理等价值观问题，导致校园借贷惨剧屡发不止；也有部分学生作为学生干部"官僚气息"过重，思想腐化，为学生服务意识较弱。

## （五）高校思想政治课程的教学改革有待深化

第一，教材体系有待完善，教材内容编写的科学性有待提升。高校思想政治课程的内容丰富、理论性和逻辑性较强，高校大学生要想全面、准确地理解、掌握教材知识，仅靠课堂上教师的讲解是远远不能满足其需求的，需要相应的辅助教材进行指导。除此之外，目前高校思想政治课程教材体系中有关实践教学方面的指导用书还较少，制约着实践教学的有序、有效开展。另一方面，教材内容编写的科学性有待提升。现有的教材过于强调相关内容的逻辑性和系统性，未能及时将新时期市场经济和社会中出现的众多热点问题融入教材中，致使教材内容的时代性有待提高。即使有时高校思想政治课程教师在课堂上会涉及这些热点问题，但他们的相关分析和解读缺乏权威性。除此之外，教材内容编写的贴近性有待加强。高校思想政治课程是以讲授马克思主义理论、党和国家历史、国家路线方针政策和学生思想道德培育等理论知识为主要内容的，不仅理论性较强、内容较为枯燥，而且其内容又不可避免地带有政治色彩。而当代高校大学生又具有强烈的叛逆心理，再加上他们的认知能力有限，暂未意识到高校思想政治课程对其自身发展的积极影响。在这种情况下，如果教材内容编写不能较好地结合社会现实和高校大学生生活实际，容易让其因觉得高校思想政治课程"假、大、空"而产生抵触情绪，影响教学效果。同时，当代高校大学生的自我意识强烈，比较关注与切身利益相关的问题，这就要求在编写教材时要充分考虑高校大学生的现实需求，着重帮助其有效地解决他们所关心和觉得困惑的现实问题，如就业问题、不良社会现象等。

第二，教学方式方法运用的科学性有待提高。教学方式方法的选择和运用极大地影响着教学效果，多样的教学方法、新颖的教学方式可以吸引高校大学生的注意力，让他们更好地融入学习中去。当代高校大学生有思想活跃、民主意识强烈和追求标新立异的特点，需要多样的教学方式方法来激发他们的学习兴趣。但当前有些高校思想政治课程教师因受"重说教，轻养成、重理论，轻实践"的传统教育观念的影响，使得他们按部就班地采取高校大学生最厌烦的"教师唱独角戏""一支粉笔、一本书"等老式、枯燥的教学方式方法，而不去尝试更加科学、突显主体性和符合高校大学生身心特点的教学方式方法，如互动式和探究式教学方法等。除此之外，高校思想政治课程教师不够重视实践教学方法或使用不当。当代高校大学生思想活跃、蓬勃向上，好奇心、求知欲强，想要少点理论说教，多点实践教学，但部分高校思想政治课程教师却对实践教学不够重视或使用不够科学，如部分教师不愿意花时间和精力去组织实践教学，认为课堂理论教学更容易被掌控，更安全、更省力等；部分教师在实践教学中的角色定位错误，实践教学应该充分发挥高校大学生的主动性，应杜绝教师大包大揽的情况，当然为保障学生安全和教学效果，应给予有效的监督和管理；参与实践教学的主体缺乏广泛性，部分教师只允许学习成绩优异的学生参加实践教学，这样会挫伤其他学生的学习积极性；形式缺乏多样性，由于实践经费和实践场所等因素的限制，导致许多高校的实践教学只采取固定的几种形式，只去固定的几个地方，大大削弱了学生的参与意愿，降低了实践教学效果。

第三，考核评价体系有待完善。首先，考核评价标准和主要手段不够科学。目前高校的高校思想政治课程考核评价内容，主要集中在对高校大学生的理论知识掌握情况、能力素质和平时的学习态度方面进行考核，在对高校大学生的能力素质进行考核时，只注重了对高校大学生理论知识的实践运用能力进行考核，缺少对高校大学生行为能力素质的考核。因此，考核主要手段的科学性、实效性和网络思维有待提升：一是目前多数高校在对高校大学生理论知识掌握情况进行考核时，所采取的主要手段是"一张期末试卷定此部分分数"的方法，这种方法不仅容易造成学生因疑难问题得不到及时发现和有效解决而越积越多，直至放弃此门课的情况发生，而且也不利于教师及时发现教学中存在的不足而有针对性地调整教学和及时帮助学生有效地解决问题，因此，其科学性有待提高；二是部分高校在对高校大学生的能力素质进行考核时,不仅忽视了对高校大学生行为能力素质的考核,而且在对高校大学生理论知识的实践运用能力进行考核时的方式过于形式化,导致其实效性有待提升;三是高校思想政治课程的"网络化考核"在许多高校虽然已经实施,但因部分教师并未真正认识到互联网对于考核方式改革的革命性推动作用,而导致此种考核方式"名存实亡"和效果"事与愿违",因此,其网络思维有待增强。除此之外,实践考核评价机制不够完善:各高校虽已普遍采用实践教学的教学方法,但相应的实践考核机制却尚未完善,目前有部分高校只采用书写实践心得等的方式进行考核,这种方式太过单一。当前部分高校为避免因统一命题而束缚教师教学特点的负面影响,而采用各任课教师自主命题的主要手段,这虽然调动了教师创新教学方式方法的积极性,但由于缺乏行之有效的监督,容易造成任课教师在对考题难易程度、考场纪律和阅卷尺度的把握上过于随意,降低了考核评价结果的可信度。

### (六)教育模式面临退化

习近平意识形态工作论述是在不断总结我国历届领导集体关于意识形态重要论述的基础上,结合我国实际国情与时代背景的新时代思想产物,充分体现了极具时代特色的创新性和与时俱进的特征。这样的时代性特征于高校而言应体现在教育模式与时俱进。一方面,习近平意识形态工作论述的网络论述表明,网络已经成为意识形态斗争的重要战场。高校大学生作为时代先锋产品的追随者,必然会受到网络信息的干扰和迷惑。在这样的现实背景下,已有不少高校响应时代的要求,建立起网络思想政治教育平台,但仍然有部分高校疏于网络思想政治教育平台的建设和发展,甚至有部分高校并未感悟到网络教育的重要意义、没能触及该领域,依旧保持传统的课堂讲授教学模式,教育模式呈现老化,无法吸引学生注意力、激发学生对思想政治相关内容的学习兴趣。对此高校应及时响应时代要求,进化其教学模式。另一方面,目前高校思想政治教育课程内容相对独立,思想政治教育模式还未健全,未能全方位地将思想政治教育的相关理论渗透到高校教育教学过程当中。

### (七)高校思想政治课程的保障机制欠完善

第一,对高校思想政治课程的实际重视程度有待加强。一方面,国家相关部门对此课程的实际重视程度有待强化。具体表现在:其一,虽然国家一直以来都非常重视高校思想政治课程的建设和发展,下发了许多专项文件和指示,但国家相关部门对高校对有关文件精神和指示的真实贯彻情况缺乏有效的监督;其二,目前多数高校的高校思想政治课程专职教师人数与在校学生人数的比例尚未达到最低要求，因此，国家对此课程专职教师的培养力度有待进一步加强；其三，国家或地方相关部门未充分发挥自身在协调各高校共享教育资源方面的特殊作用，未能使教育资源作用最大化。另一面，高校对高校思想政治课程的实际重视程度不够。虽然国家历来看重此课程的建设和发展，但事实上"说起来重要、做起来次要、忙起来不要"的不良现象在部分高校中仍然存在，这些高校未能把相关文件精神和指示真正切实贯彻到位，未能给此课程的有序、有效开展做好保障工作。具体表现在：其一，随着高校的不断扩招，进一步凸显了高校思想政治课程的专职教师人数与学生数量之间的矛盾，致使许多高校成倍地加大现有教师的工作量和采取"大班教学"形式；其二，随着各高校校园规模的扩建，虽然满足了学生对教室数量的需求，但教室的现代化多媒体设备却不能满足教师和学生的需求，且存在部分教师不能熟练操作多媒体等现代化教学设备的情况；其三，有关研究表明，"通常情况下，人学习能力的最佳时间一般出现在上午，而运动水平的最佳发挥时间是在下午"，事实上目前存在部分高校的相关部门及领导因对高校思想政治课程的价值认识不到位，而把高校思想政治课程的上课时间安排在上课效果较差的下午甚至晚上进行的现象，与专业课的上课时段安排形成了鲜明对比，与其他公共课也有较大差距。

第二，高校大学生对高校思想政治课程认同的家庭、社会氛围有待优化。一方面，良好的家庭认同氛围的营造有待加强。具体表现为：其一，部分家长受传统观念的影响，认为此课程是"副科"，学不学对孩子没有影响；其二，部分家长未能很好地以身作则，影响了家长的道德示范作用的发挥；其三，部分家长与学校缺少有关孩子思想政治素质状况的沟通，未能形成协同共管机制。这些都不利于引导和督促高校大学生对此课程的重视，不利于培养他们高尚的思想道德素质、坚定的政治信念和相应的行为能力。另一方面，良好的社会认同氛围的构建有待强化。具体表现为：其一，不良社会环境的存在；其二，用人单位忽视或不重视对应聘人员思想政治素质的考核；其三，对大众传媒的管理和利用大众传媒弘扬社会正能量的力度有待加强。这些因素都制约着高校大学生对高校思想政治课程的认同。

第三，高校思想政治课程的制度保障体系有待完善。"无规矩不成方圆"，健全、有效的高校思想政治课程制度，可以规范此课程教学的开展和激发此课程教师的教学动力，但目前部分高校在相关保障制度建设方面，仍存在不足。一方面，高校思想政治课程的教学督导制度有待完善。其一，部分高校聘用非本专业人士担任高校思想政治课程的教学督导员,导致他们不能从专业的学科角度来评估教学情况,无法提出针对性、建设性的建议;其二,部分高校聘用督导员的标准过低,导致聘用的督导员不能切实履行自身职责,致使该项制度的建立形同虚设,不能真正起到监督教学的作用;其三,部分高校督导制度的层次过于单一,不能全面地了解、把握此课程的实际教学情况。另一方面,高校思想政治课程的教师教学评价制度不健全。有效的评教制度可以督促教师用心教学,努力提升自身理论素养、丰富教学内容、创新教学方式方法,进而促使高校大学生积极主动、热情洋溢地去学习此课程,有利于提高高校大学生对此课程的认同。高校评教制度已实行多年,也收到了较好的效果,但仍存在一些尚待完善的方面,具体表现为:其一,评教标准抽象模糊且不全面,目前的评价标准不容易被评价主体量化,且忽视对教师的实际教学、参赛和指导学生参加社会实践活动等情况的考核,其二,评价主体单一且各评价主体的分值所占比重不合理,对教师的评价主体应该多元化,多角度和多方面,这样才能使评价结果更合理、更科学、更客观。

## 第三节 大学生思想政治教学改革背景

### 一、信息化为大学生思想政治教育教学改革带来的机遇

#### (一)"大数据"的使用有利于实现大学生个性化教育

虽然近年来教育教学在形式上有不小的创新变革,但依旧没有改变所有学生都使用一样的教材、做同样的习题的现状,所有的学生都具有统一的标准,受到同样的待遇。正如工厂的流水作业一样,生产出标准化的零部件,这会使学生丧失自主能动性,不利于学生的素质教育。而为使学生实现个性化教育,大数据的使用使得"一人一份方案"成了可能。

1. 建立适应性学习体系

适应性学习体系是指根据知识的扩散程度,学生的心理发展,以及学生感兴趣的方向而不断变革和优化教育内容和教育方法。对众多教育主体采取不同教育方法的效果进行调查,针对调查结果的不同,根据学生的个体差异,制订不同的思想政治教育策略。在小数据时代,教师会凭借自己的主观经验和感受对学生的思想和行为做出判断,但教师无法做到对每一位学生都能做出准确判断。除了教育者的主观判断,小数据时代还会根据学生的试卷,回答的问题来收集学生数据

信息，但数据采集有限、分析不能全面，使得高校思想政治教育提升有效性存在困难。大数据时代，我们可以根据学生的上网次数、浏览记录，以及消费情况等大量生活和学习的数据，更有利于让教育者充分了解学生，制订出适合学生的思想政治教育方案。

2. 私人订制推荐技术的发展

大数据的最显著功能就是预测功能，要想对未知进行预测，前提是采集大量的数据信息。高校思想政治教育可以利用大数据采集学生的日常信息数据，例如，去图书馆次数、经常借阅的书籍类型，以及还书状况等出入信息数据。以此分析出学生喜欢的书籍类型，从而为学生设计出专属自己的推荐书单。还可以运用大数据技术对学生思想政治课中与教师互动状态，以及课后作业的完成情况实时掌握动态信息数据，可以根据这些动态数据完善教师上课形式，有针对性地为教师提出教学方案，也会有针对性地为学生提供学习策略，从而提升高校大学生和高校教师互动效率，培养学生自主学习能力。

### （二）信息传播突破时空界限有利于拓展思想政治教育视野

大数据时代的到来为传统的思想政治教育提供了一个全新的学习环境，提供了一个全天候的数字化世界。由于互联网的深入发展，各种数据信息已经将学生包围，成为不可或缺的生活方式。而高校大学生这个群体是极其活跃的群体，更容易接受新事物，受环境影响大，他们处在数据丰富的大数据时代，能够通过大量的即时性数据信息充分调动其积极性，挖掘其内在潜力，从而引导其树立正确的"三观"。不同于以往传统思想政治教育的是，信息的传播已然不受时间和空间的限制了，这会使高校大学生接收到更多更前沿的信息，从而拓展高校大学生的思想政治视野。

1. 数据信息突破时间限制

互联网的发展，带来了各种优质的教育资源，这些教学资源可以随时被分享，使教学不再受时间和空间的限制，也使教学重难点的突破不再成为问题。因此，信息技术其实也促进了教学的一次重大改革。

无论是教育者还是高校大学生群体，每个人的精力都有限的，无法将过去、现在、未来的知识都深刻了解和挖掘，受数据处理技术的限制，如果想要学习进步，大部分的学者都会选择向其他学者请教或在图书馆查阅资料。现今只要动动手指就可以在任何有网区域获取到你想查阅的信息。极大程度的节省了时间。如遇到需要研究的疑难问题，还可以通过线上交流发表自己的意见，了解其他学者想法，为研究者提高更多的灵感。海量的数据信息便于高校大学生查阅资料，增加了高校大学生的学习资源，从而拓展了高校大学生的视野。

2. 数据信息突破空间限制

传统的思想政治教育以固定的学校班级授课为主，大数据时代将班级授课和网上学习相结合，形成线上与线下的联动效应。课堂将不是高校大学生接受思想政治教育的唯一阵地，可以通过网络信息数据共享将大数据挖掘信息功能引入课堂之中，将传统课堂转移至网络互动平台。这增加了高校大学生思想政治教育信息，拓展了高校大学生眼界，更有利于通过线上线下的结合教育，让高校大学生对思想政治教育内容掌握更深刻。

除此之外，数据信息的收集不仅仅停留在国内，还包括国外的许多先进知识与经验等，足不出户就可以获取详细信息，丰富了高校大学生的知识储备，有利于活跃高校大学生的思维。大数据时代的到来，使大量有价值的数据信息出现在我们面前，为思想政治教育工作提供了很多便利。不仅使高校大学生牢固自己的专业理论知识，还拓展了其他领域的能力，使高校大学生更快地向全面的素质人才方向发展。

## 二、大学生思想政治教育改革的必要性

### （一）传统的教育模式面临巨大挑战

新时代网络得到飞速发展，这给人们的生活带来了很大的便利，与此同时也带来了很多的弊端。例如，有些学生沉迷网络，花很多时间打游戏、聊天，严重影响了日常生活与学习，还危害健康。再如，网络诈骗，高校大学生分辨是非的能力还不够强，网络上有很多人妄图钻法律的漏洞进行诈骗活动，这给高校大学生的人身和财产安全都带来了很大的威胁。网络上还存在着许多暴力、色情及负面的内容，网络监管上的难度使政府对网络的监管无法面面俱到，这些负面影响会危害高校大学生的身心健康。

### （二）学科建设存在问题

学科建设是围绕学科方向、学科队伍和学科基地，通过硬件的投入和软件的积累，提高学科水平，增强人才培养、科学研究和社会服务综合实力的一项系统工程建设的过程。"马学科[①]"作为一个年轻的学科，其成长发展和建设依然存在

---
① 陈旻.改革开放以来高校"马学科"和"思政课"建设取得的成就与经验[J].山西青年.2020：66.

很多的困难和不足,面临的一些瓶颈始终难以取得更大的突破,概略梳理,"马学科"发展建设依然面临以下几类困难。

1. 师资队伍支撑疑难问题及造成的影响

师资队伍质量、数量等指标是学科水平和建设前景的决定性要素。从数量来说,"马学科"的师资队伍数量截至2020年12月,高校大学生和高校教师比基本达标,但是不得不说,为了达标,部分学校的专职老师依然匮乏,只能采取兼职方式,这就从一定意义上拉低了学科建设的质量。从师资队伍质量来说,由于历史的原因,相当一部分的专业课老师并不具备马克思主义理论学科背景,管理学、历史学、教育学、心理学乃至其他理工类学科背景的老师在学科建设之初进入专职教师队伍,十多年来,虽然在从事思想政治教育工作,但是受制于时间、精力、条件,这个群体中,在马克思主义理论学科造诣上更进一步的老师少之又少,导致了另一个问题出现,即相当一部分的马克思主义学院在学科方向的凝练问题上长期无法突破。

2. 学科建设环境遇到的困境及造成的影响

近些年来,随着党中央将"马学科"建设、思想政治教育工作放在战略地位上予以重视,该学科及建设主体单位——马克思主义学院的发展建设环境相对宽松,可以说迎来了历史上最快最好的发展机遇期。但是,部分高校和地方对此问题的改革推进的步伐相对较慢,导致学科建设的硬环境并不如党中央的期待,如部分高校在办公面积、办公条件、资料室建设、实践中心建设等方面的支持力度依然有限。软环境方面来说,部分领导、部分老师对该学科存在偏见,认为"马学科"不是学科,部分学校会在职称评定、工作考核、教师数量等方面不注意该学科的特殊性,搞一刀切,进而影响马克思主义学院教师队伍的工作积极性,制约了高校整体思想政治教育工作的发展。

3. 学科边界、学科意识的划定及养成问题

"马学科"自从单独设置成为一级学科之后,学科边界不明的问题一直存在。历史学、教育学、政治学、马克思主义哲学等学科在研究方法、研究视域、研究重点、研究难点、研究内容上对"马学科"均有巨大贡献。但是,也导致"马学科"与上述几类学科之间的边界模糊。"马学科"研究者常常借用其他学科的方法、概念、路径等基本内容,来充实"马学科"的建设。这种方法对新生学科而言,虽然有

借鉴意义，起到了融会贯通的作用，但是也造成了"马学科"老师与其他学科的老师均存在学科意识模糊的问题。如何养成鲜明的学科意识，应该是未来"马学科"建设工作的重点和难点。

除了上述几个比较突出的问题之外，"马学科"的建设发展也面临其他一些问题，如专业课和思想政治理论公共课在学生心目中的地位差异问题；思想政治理论课专职教师教学任务和社会服务之间的冲突问题；"马学科"师资队伍及后备人才建设可持续发展问题；等等。总而言之，这些疑难问题如果得不到有效解决，不走集成创新发展之路，势必会给高校思想政治教育工作带来很大影响。

## 第四节 大学生思想政治教学改革与创新路径

### 一、课程体系改革与创新

#### （一）公共必修课程体系的优化完善

根据十九大精神指导和相关要求，习近平新时代中国特色社会主义思想按照"三进"要求，也将逐步在本科阶段和研究生阶段全面铺开。与之相对应，教育部就上述各思想政治理论公共课程的学时、学分予以明确规定，要求各学校必须开满开全，不能以各种理由削减课时，确保量足质优。那么，在此大框架之下，如何优化完善公共必修课课程体系，则是需要从结构、内容上进行优化的问题，辅之以与教师的良性互动、制度的坚实保障，才能够在大框架下，提升每一门思想政治理论公共必修课的教育教学质量。

第一，优化完善教学内容，确保各门课程质量提升。虽然各门课程的学时设定有着明确依据，然而各位教师教学风格、教学重点、教学组织等各有差异，因此在有些老师看来，学时不够的情况依然存在。面对这种矛盾，急需各个学校以教研室为单位，就所带课程进行创新式的集体备课，就教学内容、教学组织、教学质量等问题集中研讨，优化教学内容，设计教学路线，交流教学方法，确保各门课程的学习内容不打折，教学效果有保障。

第二，根据实际可以进行课程内部结构的优化组合。当前本科阶段教学中，"毛泽东思想和中国特色社会主义理论体系概论"课程讲授内容多，牵涉面广，教师普遍反映无法面面俱到，因此，专题式教学在各个高校被普遍应用。专题式教学的好处是内容聚焦，便利教师重新组织课程和教材内容，在聚焦重点难点的基础上，也能尽可能做到内容的全覆盖。

第三,"思想政治理论课实践教学"和"形势与政策"务必在与理论课有机结合的基础上开设,确保关联性、一致性、补充性和全面性。当前部分高校的这两门课程虽有开设,但铸魂育人的效果不是特别明显。究其原因,一方面是部分学校将这两门课程划拨给了团委、学生处的老师,以及辅导员、班主任队伍,由此难以保证这两门课程与其他几门理论课程在体系上的完整性。另一方面,由于代课教师的学历背景、教学水平、认知能力等千差万别,所以两门课程的主渠道、主阵地作用的发挥成为疑问。因此,在课程体系优化完善方面,急需改变这一现状和设置上的短板。

### (二)马克思主义理论专业课程体系的优化完善

由于各个学校的人才培养方案各有差异,开设课程也不尽相同,各有侧重,这在很大程度上取决于所在学校的师资力量和学科方向。因此,很难就专业课程体系做统一性的优化完善,这里从优化完善的原则角度提一点意见。

第一,聚焦国家和社会发展需要优化完善课程体系。马克思主义理论专业课程体系并不是一成不变的,需要根据时代变化和社会发展需要与时俱进。举个例子,20世纪八九十年代,该专业的培养计划偏重设置一些西方哲学社会科学方面的课程,因为当时的中国需要去更多更迫切地了解世界。时至今日,培养计划中除了中西方思想文化交流方面的课程有必要保留并修订之外,更需要根据变化的国际局势和正在变化的中国,开设并加强服务于中华民族伟大复兴、坚定"四个自信"等课程,如此才能保证培养出来的学生跟得上时代发展的需要,更好地服务于国家各方面的建设。

第三,聚焦人才培养定位和目标优化完善课程体系。由于我国的大学是划分层次和划分类别的,因此,同样开设马克思主义理论专业的情况下,每个学校的人才培养定位和目标就会呈现出差别。比方说本科院校和专科院校、师范类院校和综合类院校、理工农医类院校和文科为主的院校,他们的人才培养定位和目标均不尽一致。在这种情况下,相对应的培养方案,以及由此设定的课程体系就应该有所区别和侧重。举个例子,作为综合类院校的重点马克思主义学院和师范类院校的重点马克思主义学院,其培养方案绝不能完全一致,如果完全一致,就违背了两个学校的设置初衷,也违背了两个学校的建设发展方向。在此情况下,综合类院校根据其人才培养定位和目标,所建构的课程体系就要把视野扩展得更大一些,不能局限于师范类人才的定位和培养。同理,师范类院校根据其人才培养定位和目标，所建构的课程体系就要把眼光聚焦得更专业一些。因此，在课程体系建设上，不要无视人才培养定位和目标，在培养计划中建构大而全，不能凸显学校和行业特色的课程体系。

## 二、教学体系改革与创新

### （一）坚持依据教师队伍实际进行教学体系改革与创新

从宏观角度审视教师队伍，主要是从较大区域范围的角度观察区域内思想政治理论课教师的实际情况，主要看数量，结构、学历、培养体系、梯队建设、培养机制等问题，这些方面的矛盾处理得好，创新的基础和前景就比较光明，这些方面的矛盾处理不好，创新的基础和前景就需要发挥创造性，努力、有效地解决。从中观角度审视教师队伍，主要是从一个学校的角度观察学校思想政治理论课教师的实际情况，除了看数量，结构之外，也要看本校的培养体系、梯队建设、培养机制等问题，特别要观察学校范围内思想政治课教师的成长发展问题，创造出一个"留得住，愿意干，争着干"的环境和氛围，为思想政治课教师队伍的稳定发展创造出良好的发展空间。从微观角度审视教师队伍，主要看每一个个体的学历背景、长处不足及发展特点和个人实际。要对教师进行区别化培养，精准式推进，要把教师个体的实际和他所能担负的任务有机统筹，在最大化各自优势的基础上进行创新，要把教学和科研方面的某一类难题交给最适合创新的团队或个体，才能实现人才队伍资源开发创造的最大化。

### （二）坚持依据教材和学情进行教学体系改革与创新

依据教材和学情进行创新的目的在于保证创新的方向和步骤，脱离教材进行任何形式的创新，思想政治理论课就有可能变成"鸡汤课"，也可能会脱离思想政治教育理论课的本质。举个例子，就《中国近现代史纲要》而言，如果脱离教材进行创新，那么就可能把这门课程当历史课来讲，而忘记了这门课程的本质和核心任务，毕竟这门课不是历史课，而是政治课，是让学生理解"四个选择"等中国近现代历史上事关国运的重大问题的一门课程。对《思想道德修养与法律基础》课程而言，如果脱离教材，大概率会变成"鸡汤课"。所谓"鸡汤课"就是没有营养价值的课。为此，必须依据教材进行创新。同时也要依据学情进行创新，学情是教学创新改革能否正常开展的前提，无视学情的创新，会事倍功半，见不到实效，浪费各类资源。举个例子，对于理工科学生和文科学生，不能适用统一的教学模式和教学方法，无论是资源配置还是讲授主要手段，以及任务安排都要体现出学情的实际。如果不依据学情进行创新,所谓的创新距离初始目标就会越拉越远。

## (三)坚持依据教学反馈进行教学体系创新

依据教学反馈进行创新是一个及时互动,不断调适,争取让教学不断得到进步的过程。所以,教学反馈要确保及时性和长效性,即一方面在较短区间内讲究及时反馈,一方面在较长区间内讲究跟踪反馈。也要确保科学性和合理性,要在尊重思想政治教育教学的基础上进行评价和反馈,避免一刀切的评价反馈,反对不顾及实际学科特点的评价反馈。教学反馈也要注意全面性和综合性,确保教学反馈不是单独的、片面的评价,要确保学生主体地位,将专家意见和学生意见,以及其他听课老师的意见综合、全面、实事求是地反映出来,否则也会给教师本人带来不必要的浪费和偏差性引导。

# 第五章 新时期大学生思想政治教育师资队伍建设

本章主要讲述新时期大学生思想政治教育师资队伍建设，主要介绍了五个方面的内容，分别是大学生思想政治课程教师现状、高校辅导员与大学生思想政治教育工作、高校辅导员的核心素质及核心能力、高校辅导员队伍制度及发展理念、高校辅导员队伍建设路径。

## 第一节 大学生思想政治课程教师现状

### 一、思想政治课程教师现状

受传统应试教育的残留观念影响，部分高校教师仍旧在不同程度上存在着重理论知识传授，轻能力培养的教育观念，导致其在教学过程中不能够根据教学内容的实际需要，灵活运用和转换教学方法、教学手段，忽视对学生创造性思维能力的培育，这在很大程度上造成了高校大学生学习兴趣低下、主动探究能力不强、创造意识缺乏，创新能力不高的现象。在一次针对师范生的调查中，关于自身最欠缺的教师职业技能方面，有接近半数的师范生认为自己缺乏探究意识，创新能力和科研能力不高。其具体表现在以下三方面。首先，部分师范生虽具有一定的创新意识，但是缺乏主动探究知识、勇于克服学习障碍和学习困难的坚强意志和毅力。师范生虽然普遍认为创新意识对于自身教育教学能力的提高发挥着至关重要的作用，也希望自己能够具备这种创造性意识和思维能力，但是在实际学习过程中缺乏主动探究、勤于思考的主观能动性，缺乏独立自主的批判能力、自主获取新知识的能力，以及探究性学习的能力。其次，高师教育教学理念严重滞后、教师教学方式方法陈旧、单一，并且在运用过程中缺乏灵活性，学生自主学习、独立探究和相互讨论的机会特别少，难以调动学生的积极性和主观能动性，更难以激发和挖掘学生潜在的创造意识和探究能力，容易造成学生思考问题过程中的思维定式，也不利于学生发散性、创新性思维能力的培养。在这种枯燥无味的课堂教学氛围中，学生缺乏学习兴趣，从而在很大程度上造成教师的课堂教学质量不高，教学实效性大打折扣。最后，教育科研活动和教学实践项目是培育师范生创造意识和提高创新能力的重要途径。然而，高师教育在科研实践活动和创新性课题项目环节严重欠缺，不仅数量不足而且形式单一，未能真正发挥其培养师范生探究意识和创新能力的有效作用。这也就造成思想政治专业师范生参与实践性的科研活动和课题项目的机会少之又少，学生很少有机会能够参与到科研活动和教学课题的研究和探讨中去，即使参与其中，也很少能够使自身的创新意识和创造性思维能力得以有效地激发和培养。

## 二、影响高校思想政治教育师资队伍专业化建设的因素

互联网信息技术的快速发展给整个人类社会的发展与进步带来了巨大的影响。空间之间的距离因为网络信息技术变得越来越小，国与国之间的联络因为网络信息技术的应用也变得容易起来。近几十年随着中国经济的快速发展，网络信息技术在人们的工作、生活、学习中变得越来越普遍。特别是在高校中，大学生正处在学习与接受新鲜事物的黄金时期，他们思想活跃，乐于接受互联网这种新鲜的事物。以往在高校中对高校大学生的教育主要是通过学校的中国共产党党员教师，如学校主管学生工作的领导、团委教师、高校思想政治理论课教师、辅导员等人。在我国没有网络信息技术的时期和网络信息技术还不普遍的时期，教育的实效性很强，但随着网络信息技术的普遍应用，在很大程度上削弱了高校党团教育的效果。网络信息技术既有利于世界经济的发展，同时如果应用得不恰当也会给人类社会带来很多问题。

出生在网络信息技术时代的"90后""00后"高校大学生，他们追求个性、追求自主化的生活和学习方式，与"80后"追求的经济物质不同，这得益于中国经济的发展。在这一时期成长起来的"90后"和"00后"高校大学生，他们更注重个人的情感体验与价值体验，对政治普遍不太关注，有着强烈的个人意识，从小到大习惯从网络中获得知识和信息。因此，他们从小已经养成网络思维方式，在生活和学习中都与网络分不开，尤其是"00后"高校大学生具有较强的网络社交、网络学习和网络消费的能力。网络词语在其生活中很普遍，网络购物也为他们的生活带来了很多方便，使其生活更快捷和便利。

信息网络技术产生之前高校大学生在高校中接收的信息主要源自高校教师，在教师的思想和行为影响下形成自己的世界观和价值观。而现在，信息技术作为"静悄悄的革命"正以极快的速度发展，真正地实现了中国人所说的"秀才不出门，

便知天下事"。其全方位地改变了学生的生活和学习的主要手段，提供了新的认识世界的方式，随着高校大学生对网络的依赖加深，以往高校教师的教育方式显然已经不适应当代学生的新特点和新的需要。高校大学生对教师的心理需求也转向了网络，"当人们从依赖媒介而获得了相应的满足，便越指望再次获得有用的信息，对媒介的依赖性就越强烈[①]。"高校大学生对网络的依赖使其思维方式发生了一定的变化，以往高校党团的教育是有效培养学生发散思维的方式，但网络信息技术呈现出来的信息更直观和具体，容易使学生不再去思考，从而不利于学生多维思维方式的形成。通过网络信息技术可以快速地查找所需要的信息，这就需要高校党团方面的教师及时更新观念，利用网络信息技术对学生进行合理的教育和引导。高校教师必须转变思维方式：首先，由传统的教学模式向网络信息技术下的教学模式转变。高校党团教师要根据学生特点不断研究和探索，重视校园网络安全的建设，加强对学生进行网络安全教育；其次，教师也需要掌握一定的网络信息技术，当前高校党团工作者有再深的理论功底，一旦网络信息技术不行，也很难走进学生心里，对其进行指导和教育，高校党团工作者要利用互联网技术在网络中通过各种形式与学生聊天、谈心，使青年形成正确的世界观和价值观；最后，高校要不断重视对教师网络信息技术的培养，给教师创造时间和条件去学习，在新形势下不断更新教师的理念，在新的背景下，利用网络信息技术更好地发挥高校党团教育的效果和作用。

## 三、加强高校思想政治教育师资队伍专业化建设的路径

### （一）加强教师职业规划教育

简单来说，教师职业规划教育就是说高师教育要通过各种有效的教育途径，来引导和帮助师范生对自己的教师职业发展有一种非常明晰的认识和规划，进而树立坚定的教师职业观和正确的教育价值观。当前，大部分思想政治专业师范生没有自己的职业规划，无法准确定位自己的职业发展方向，究其原因在于高师院校教师职业规划教育缺乏系统性和规范性，教育内容和形式单一且具有滞后性，未能从整个大学期间统筹规划学生的教师职业规划教育。对此，高师院校必须高度重视对师范生的教师职业规划教育，从新生入学伊始就要统筹规划、全面监督。一方面，要高度重视课堂教学在教师职业规划教育中的重要地位。在高校课程设置中要加入与教师职业规划与指导方面相关的课程内容，教师要注意向学生讲述

---

[①] 施冰滢.媒介依赖理论视域下的民办高校大学生手机依赖研究[J].传媒与教育.2016.132-137.

教师职业的光荣感和使命感，以及教师职业肩负的育人传道的重大社会责任，逐步引导师范生对教师职业树立一个正确的、全新的教师职业观。另一方面，全面肯定实践教学活动对师范生从事教师职业的引领功能，充分发挥微格教学、教育实习、顶岗支教等一系列学校实践教学活动，在塑造师范生教师职业理想过程中的重要作用。同时，在实践教学活动中要强化师范生对思想政治课程改革新要求的深刻认识，全面反省自己教师职业素质中存在的不足，培养专业精神，实现思想政治专业师范生教师职业素养的全面提升。

### （二）创新教学思维主要手段

就如何提升高校思想政治课教师的整体水平和综合素质的问题，习近平总书记提出，思想政治课教师在学习过程中必须加强思维创新，以辩证思维和唯物主义思维来应对出现的问题，通过不断地改进思想政治课的课堂教学效果，激发学生的学习兴趣，帮助学生形成正确的信仰和意识形态，掌握先进的思维方法。习近平总书记提出的思维要新，其关键在于方法论的正确性，在方法论的指导下开展相关活动。目前，党和国家在这一方面的工作主要集中在三个方面：第一，高校思想政治教师必须立足马克思主义理论的指导价值，在历史研究方面坚持辩证主义和历史唯物观，由此更加深刻地认识到历史的发展趋势，实现历史和实际相结合的策略，此外，相关媒体还需要占领好舆论高地，切切实实地讲好中国故事；第二，在课堂教学过程中引入创新思维，通过新技术和理念的应用，"用好课堂教学"；第三，教师应该强化自我价值，满足新时代的发展要求，突出思想政治课堂教学的核心价值导向，通过教学创新，改善高校大学生的课堂体验，提升学生的政治水平，帮助高校大学生了解国际形势。

### （三）强化教师职业规划教育，努力适应新课改要求

在引导学生树立坚定的教师职业意识，强化对学生教师职业规划教育的基础上，高师院校还要促使每一位师范生端正自己的学习态度和认知态度，增强学习的主动性和自觉性，针对新课改教学新要求，努力完善自身的知识结构，提高教育教学素质。目前来看，当前部分思想政治专业学生教师职业发展规划不明确，对中学政治课程新课改的价值理念，和对教师的新要求缺乏学习的主动性和从教能力锻炼的自觉性。首先，在思想观念上，要引导学生全面、正确认识地基础教育课程改革对教师岗位的新要求，有针对性地根据课改要求查漏补缺，对于自己欠缺的方面要积极主动地去弥补和改正，对于表现较好的方面要继续保持并能够精益求精，努力提升符合时代需要的全面的教师职业素养。其次，要端正专业学

习态度，刻苦钻研专业知识，形成综合性、多元化的知识结构，这是师范生从事教师职业的必备法宝。最后，作为将来的思想政治教育教师要掌握良好的交往与沟通技巧，要注意情感的投入和思想的交流。

### （四）加强人格教育

教师的人格修养如何，关系到学校的教育教学质量和未来国民素质的高低。加强高师思想政治专业学生人格教育，不仅是素质教育和时代需要的呼唤，同时也是高校深化教学改革内容的方向和目标之一。长期以来，高师教育偏向强调专业知识的灌输而忽视人文精神教育的渗透，使高师人格教育质量不高并且流于形式，造成人格教育的缺失。因此，高师思想政治专业的教师培养工作应做到以下两点。首先，培养师范生坚定的政治品格。政治品格在政治课教师人格修养中处于首要的位置，它是指导师范生树立其他一切人格品质的关键性因素。因此，高师教育要通过政治性的理论宣讲和实践性的社会政治活动，充分激发学生参与社会政治生活的积极主动性，使师范生不仅要从内心深处有提高自身人格修养的强烈意愿和自觉意识，还要真正从行动上加强坚定的政治信念和完善的政治品格的锻炼与提升。其次，培养师范生正确的育人价值观和良好的道德品质，这是师范生从事教师职业所必须具备的育人的根本素质，它在师范生人格素质中发挥着决定性的作用。思想政治专业与其他应用性、操作性课程的最大的不同之处在于，教育者不能仅仅注重对学生显性的理论教育和硬性的书面灌输，而应该将大部分时间和精力都用在研究学生的思想，关注学生的心理健康状态上，要教会学生树立正确的价值观念和健康的生活态度。这就要求师范生要严格要求自己的一言一行，从生活中的一点一滴做起，严格规范自己的行为，做到传授知识与为人师表两不忘。

### （五）加强职业道德素养

对思想政治教师者而言，加强自身职业道德建设具有重要意义，社会发展和经济建设都离不开专业技术人才，而只有道德水平较高，德才兼备的教师才有助于正能量的产生，进而潜移默化地对学生进行影响，不断地向社会输出德才兼备的人才，这对于提升我国思想道德建设具有重要意义。高校思想政治课教师必须认识到职业道德素养在教学过程中的重要性，通过提升自身人格魅力，在思想政治课堂上取得更好的教学效果。年轻教师应该积极自我学习，发挥中流砥柱的作用；年长教师则需要发挥自身的经验优势，在思想政治课开展过程中继续发挥余热。高校思想政治课应该始终坚持以学生导向的原则，不断地向学生传达关心、关爱、关怀，最大限度地发挥教育优势，在学生成长和发展的过程中发挥引导者的作用。思想政治教师必须充分贡献自己的力量，在教学研究过程中投入更多的知识和心血，引导学生以更积极的心态来应对问题。

## 第二节 高校辅导员与大学生思想政治教育工作

### 一、高校辅导员角色相关概念界定

#### （一）角色相关概念的界定

1. 角色

在戏剧的舞台上，根据戏剧规则进行行为表演的特定人选被称为"角色"，美国著名社会学家乔治·赫伯特·米德（George Herbert Mead）将这一词引用到了社会学中，并结合社会学理论给予了合理的社会学角度解释：当社会人在扮演某一特定的社会角色时，产生了符合这一角色的行为举止，并使这些行为举止作为其专属的社会行为规范和行为模式；即使日后角色扮演的主角人物消失了，这一角色是仍然存在的，因为其行为举止已经对社会产生了一定的影响，且不可被替代。在米德做出合理解释后，角色这一词被引入在各个社会领域里。我国学者郑杭生认为，社会地位是社会角色的象征，且能够凸显与其身份相匹配的权利和义务的规范和行为模式。学者李铮认为，社会每一个角色都拥有来自同一领域内与之产生互动的人群的角色期待，在这一领域内，角色会拥有与之行为所匹配的社会身份和社会地位，并应具有相对应的权力去履行其社会职责。由此可见，对于"角色"一词在不同的环境领域有不同的解释和定义。从以上学者对"角色"一词的解释来看，"角色"是由指定的环境所产生的一种必然的、特殊的社会个体或群体，拥有能够彰显其独特之处的地位。这一个体或群体角色在进行角色扮演的过程中，会产生一系列的行为表现且对社会发展带来一定的影响，并且社会对这一个体有着专属的角色期待。

2. 角色定位

角色定位是指在特定的环境下，相对于其他互动角色，拥有专属于自己的且无法被替代的定位，这种定位往往与角色特征、角色行为和角色期望有着密不可分的关系。角色定位会受到社会环境和时间环境等因素的影响而发生变化。

3. 角色行为

角色行为是在角色进行角色扮演时所产生的特定的行为，这种行为可能会有利于塑造人物良好的角色形象，也有可能会改变其所处环境，当然也会存在破坏其角色形象的可能。角色会在进行角色扮演的过程中因环境的变换而产生其相对应的角色行为，主要是受到主观意识的影响。熊德明认为只有在人们认同并确定承担特定的社会角色时，他们才能进行与这一角色相关的特定的角色行为，但如果角色遇到突发状况时，角色也会做出相应的变化反应。所以，只有通过对指定角色在进行角色扮演时所产生的一系列相对应的具体行为过程，才能被人们称之为角色行为，且这些角色行为才会有与之相对应的具体意义。综上，角色行为主要指的是社会中的各类角色在指定的环境氛围内，在进行角色扮演时所产生的特殊的行为过程。

4. 角色期望

林崇德认为，角色期望是某个个体角色或某类群体角色对某一指定角色的扮演及行为所产生的期望，它主要起到了连接社会结构与社会角色的作用。角色期望主要是通过角色及其角色行为给人们带来的主观认知所产生的主观意识期望。人们也会通过角色期望判断其角色行为是否符合这一角色的身份和地位。黄甫全认为，人们会根据社会角色所拥有的社会地位、权利、责任和义务来决定对这一社会角色的角色期待。角色期待往往会在对角色行为进行规范时产生，并提出符合其角色行为的相对应的要求。在日常生活中，人们会根据角色期待来掌控自己的行为，依据角色期望对他人的行为进行预测和评价。辅导员作为一种社会角色也要面临社会的期望，这是辅导员进行角色扮演的必经之路。

## （二）高校辅导员及其角色的内涵

1. 高校辅导员

辅导，字面上的意思是帮助和指导。那么辅导员，是指对学生进行辅助性帮助和正确指导的校内工作人员。大学辅导员的早期称谓是"政治辅导员"。辅导员这一概念，看似非常简单，并且大家都认为自己对辅导员有所了解，但其实对辅导员的深入认知却十分模糊。这主要是因为其日常行为和工作职责的繁杂，让人难以对辅导员有清晰明确的认识，并给予其专属的定义。辅导员在高校中要从事和学生相关的日常工作，包括生活、学习、心理辅导、评优评奖、就业创业指导等，有的辅导员还会承担部分教学工作。在高校中辅导员的工作性质还存在着专职和兼职之分。专职辅导员是指专门从事学生管理事务及思想政治引导工作的辅导员；而兼职辅导员多数是因为学院内人手不够，为了辅助专职辅导员工作的研究生或课时较少的在职教师。本文所研究的辅导员是指普通高等学校中全日制本科的专职辅导员。

辅导员不仅是高等学校教师队伍的重要组成部分，更是高校管理不可或缺的一部分，是高校开展思想政治教育的有力保证，是全面切实贯彻学生日常思想政治教育的指导者、是完善管理工作的实施者。因此辅导员不仅要充分履行教师与干部的双重身份，更要与广大的学生建立良好的关系。

高校辅导员走在学生工作的第一线，其主要任务是：一是要当好高校大学生职业生涯的设计师，引导学生树立科学的目标，夯实高校大学生日后发展的基础；二是辅导员还是高校大学生的老师，因此日常工作中还要充分利用自己的行为、知识、经验更好地引导学生，有效把握学生的心理动态，及时帮助他们有效地解决思想、心理等各方面的困惑，做他们成才路上的引路人；三是辅导员能够成为高校大学生的知心朋友，成为他们健康成长最合格的指引者。高校或院系依照国家相关制度和政策，对高校辅导员进行选聘、培养、考核、奖励、任用等行为。

2. 高校辅导员角色

社会角色的产生主要是为了满足社会的需要，而产生的角色也会随着社会的变化不断地丰富自己的角色形象。结合对角色和高校辅导员的概念界定，高校辅导员角色是指在高校从事辅导员工作时所呈现出的满足角色期待的行为模式。社会其他角色对高校辅导员角色有着专属的角色期待，且高校辅导员角色拥有着代表这一个体的身份与地位，行使其相应的权利和义务。

3. 高校辅导员角色的内涵

中华人民共和国教育部于 2017 年 9 月颁布了第 43 号文件《普通高等学校辅导员队伍建设规定[①]》，在此文件中，清楚地指出，辅导员是高校的骨干，他们的主要角色行为是组织、实施、指导高校大学生的日常学习和生活，努力与学生成为知心朋友，同时也成为其人生导师。由此可见，高校辅导员这一角色在高校乃至高等教育领域中都扮演着无法替代的重要角色。相比其他在校教职工人员，高校辅导员的工作职能有很多，最为核心的就是促进学生全面发展。在高校众多角色中拥有独特的身份和地位，还包含来自社会各类角色对辅导员的角色期待。举

---

① 教育部.普通高等学校辅导员队伍建设规定.2017.8.31

个例子，社会群众、学校高层和在校学生对辅导员的角色期待和角色行为期待，以及高校辅导员对自己的角色期待和所应有的角色行为的认知等。从高校辅导员角色的发展历程来看，辅导员在高校中所扮演的主要角色就是高校的思想政治教育指导者。但随着社会需求的改变，以及高等教育的迅猛发展，辅导员的工作范围在不断地外延、扩大，辅导员角色的内涵也变得更加丰富。从最初具有鲜明的政治性演化到现在同时具有政治性、教育性和服务性。为了能充分发挥核心职能，高校辅导员应从最基本的思想政治引导者角色，转换为能够适应当下高校大学生发展和教育、管理、服务相结合的多元化角色载体。

4. 辅导员的特征

辅导员在高校工作中是学校、院系等各部门工作的具体实施者，是学生与各院系、处室部门间的桥梁纽带。学生在校期间接触最多的便是辅导员老师，辅导员与学生最亲近，学生干部的行为养成容易受到辅导员工作风格的熏陶。辅导员的进入门槛与专业课教师相比较高，鉴于思想政治教育工作的特殊性，辅导员队伍管理具有政治性强、时效性要求高、工作纪律性严等特点。

## 二、新时期高校辅导员的角色定位

### （一）辅导员角色定位的概念

高校辅导员角色指的就是各大高校中的一线专职辅导员，（其日常工作主要包括：事务管理、思想政治教育、各类专业辅导等）在工作中表现出来的契合社会大众所期待的行为模式。换言之，一方面是高校辅导员在社会群体中的作用，另一方面又包含学校管理者、学生及社会公众对其角色的期待。除此之外还包括自身"应然"认知行为角色，简而言之也就是在上述的期待、认知下形成一套更规范、更完善的包含权利与义务的行为模式。高校辅导员在多重的角色环境中，到底哪一个角色才是他最重要和核心的角色，答案有很多。有人说："辅导员工作是个大箩筐，什么东西都能往里面装"。所以，在实际学生工作中，辅导员的角色更多时候像"学生保姆"，从事着繁杂的事务性工作，却削弱了对学生成长、成才的有效性指导。同时因为事务性工作太多，缺乏系统学习提升、不能深入学生中间，导致对工作的思考、积累较少。造成目前在辅导员队伍职业化发展过程中无法准确地定位辅导员的角色。

### （二）辅导员角色定位的特征

高校辅导员的角色定位有如下的特征：辅导员的范围和角色边界相对宽泛，尚未形成准确的辅导员边际，举个例子，没有切实贯彻提升在职学历、节假日、工作时间及其他福利性的保障等；辅导员考核评价体系难以量化，难以确保公允。高校辅导员工作多以事务性为主，与高校的专业课教师的硬性量化指标考核不同，很难在考核评价时充分调动其工作的积极性。

### （三）高校辅导员管理中对角色定位的要求

高校辅导员是高校大学生思想政治教育工作和日常事务管理工作的指导者和具体实施者，也是学生基层工作的重要管理者和协调者，同时也是高校贯彻教育方针，坚定学校办学方向的重要力量。辅导员队伍管理中，首要的就是确定辅导员职位的性质和职责的内容，即确立辅导员在学校的明确的地位、明晰的角色。这是选拔培养辅导员的基础，也是对辅导员进行考核、任用的依据。

1. 学生成长方向的引领者

在高校大学生思想政治教育工作中，毋庸置疑的是高校辅导员具有重要的作用。不仅要树立起正确的政治方向，更为重要的要夯实高校大学生的思想政治教育工作基础，努力培养高校大学生的道德水平，这些都是高校辅导员角色的基本职责。坚持实事求是为原则，坚持以实际为基本出发点，尊重学生合理的思想追求，选择欲望、诉求，讲究方法策略，有针对性，有意义地展开思想教育工作。不仅要组织好高校大学生思想政治教育工作，更要确保其有效实施，要充分发挥示范作用，扮演好高等院校思想政治教育规律的研究者等具体的角色。

2. 学生成才路上的服务者

高校辅导员在高校大学生成才积累的关键时期，亦师亦友，是学生的老师，更是亲密无间的朋友。正是因为高校辅导员具有这样特殊的身份特点，决定着其一言一行都会对广高校大学生产生较大的影响。在高校大学生青春成长中最重要的阶段，辅导员在工作中要注意运用管理艺术，充当好管理者和服务者的角色，培养学生成为有理想、有道德、有文化、有纪律的新时代青年。

3. 学生事务工作的管理者

学生日常事务的管理工作是高校辅导员角色最基础的职责之一。事务性工作关乎学生方方面面的利益，学生工作无小事，具体又繁杂，工作开展是否得力，效果是否显著，同学们是否认可结果和过程，对是否能够切实贯彻思想教育工作具有重要的影响。这就要求高校辅导员不仅要做好角色的定位，更要善于总结、不断思考，寻求改进措施，为科学的引导学生打下坚实的基础，积极寻找一条更具模块化、规范化、科学化的发展策略。总之，确保指导方法的正确性才能推进指导工作的开展，兼顾好显性教育与隐性教育的手段，才能为同学们带来优质高效的服务。

### （四）新时期高校辅导员的角色定位分析

对高校辅导员而言，要为其角色合理定位就要正确认知自己在高校教育体系中所处的位置和应该发挥的作用。高校辅导员既是高校大学生思想政治教育的引导者，又是高校大学生身心健康发展的疏导者。

高校辅导员身为学校思想政治教育的主力军与学生管理队伍的领头人，他们既要具备教师管理学生的威严，又要具备和学生打成一片的随和；既要做好思想政治文化教育，又要关注学生的生活安全。既是管理者，又是执行者。辅导员的角色设定就是一个相对矛盾的、不清晰的存在。除此之外，辅导员以外的其他群体对辅导员身份的认知，与辅导员自身的认知也不尽相同。对学校而言，辅导员是教师队伍的一部分；对学生而言，辅导员是学生各项事务的具体操作者。辅导员自身对自己的认识也不清晰，而且，大多数高校的辅导员都是兼职，是毕业生留校任职的一个考察时期的工作，专职辅导员比例不高，他们也都很少具有专业资格。综上所述，当前辅导员的角色定位是相对矛盾的、模糊的，我国高校辅导员队伍中不仅要全面培养辅导员的专业素养，更为重要的就是要不断推进专业化、职业化的发展模式，队伍管理和建设力度需要进一步提高，其角色需要更加清晰、准确定地位。

1. 学生对高校辅导员的角色期望

步入大学阶段，学生心理和生理发展正走向成熟，在这一时期他们开始从心理上摆脱对家长的过多依赖，自主意识逐渐增强，心理变化比较激烈，情绪容易不稳定和产生矛盾。

（1）感情问题：大学期间，从高中管理严格的环境变为大学相对宽松舒适的生活氛围，学生谈恋爱较为普遍。如果高校大学生因为感情问题影响学业，因情感问题而荒废学业，与恋爱对象相处中总会有磕磕绊绊，不愿意向父母透露心声，他们就可以通过课余与辅导员老师的交流，倾诉自己遇到的感情困惑。辅导员老师的实时参与，有效地解决了高校大学生的情感难题，更好地帮助学生走出困境。

（2）就业问题：这是高校大学生最为关注的话题，除了选择升学继续深造的学生，就业是一个不可避免的话题，大学是一个小社会，但终究不是社会的完成时，求职择业过程中的心态调整、工作中的人际交往都需要辅导员指导。学生都会希望自己的人生少一点弯路，顺利地从学生转换为职场人。

（3）学业问题：这也是学生的头等大事，大学是专业拔高的时期，虽然看起来比高中轻松了不少，但是学业的压力只有学生自己知道。如何积极调整心态，消除考试挂科后的消极情绪，迎头赶上，这也需要辅导员予以指导。辅导员在学生的学习中也扮演着重要角色。

（4）生活问题：这个时代的孩子大都是独生子女，家长十分宠爱，导致不少学生，进入高校大学生活之后，不会自己照顾自己。新闻也经常报道，一个孩子上大学，全家大大小小好几口人一起搬家陪读，孩子不会自己洗衣服、不会自己收拾屋子等现象屡见不鲜。因此，辅导员要积极引导学生，培养良好的生活习惯，让学生早日学会生活上的自理。

**2. 高校对高校辅导员的角色期望**

辅导员在日常生活中通过对学生日常生活的服务和管理，引导学生参加各类社团和社会实践、组织开展寝室文化活动，既丰富了学生业余文化生活，使他们调整了知识结构，又陶冶了道德情操，提高了思想水平，密切了人际关系，这些活动也极大地促进了校园文化建设。

（1）具备网络思想政治教育能力：相比较于21世纪最初，我国现在的网络法律日趋完善，网络不再是一个完全虚拟，绝对自由的环境。最新出台的一系列新的条例规定，在网络工具上散布虚假谣言者，转发量达到500就可以判刑。目前为止，已经有一些高校大学生以身试法，得到了法律的惩罚。因此，辅导员要了解学生是否能够得心应手地应用各种信息技术，能否全面了解网络语言，以及各种新媒体技术。最重要的是辅导员要教导学生在面对网络事件时，必须具有自己的思考和及时判断网络舆情的能力。要教导学生不可人云亦云，推动舆论的发展，也不可故意唱反调，彰显自己的独特。应该要独立仔细地思考，选择自己的立场。

（2）具备个人魅力：影响工作效果的一个至关重要的因素便是辅导员的个人魅力。受访的领导认为虽然通过辅导员的教育学生在形式上被动地接受了教育，但是并不能真正发挥作用，同时他指出只有强化辅导员的人格魅力，才能够使学生产生敬畏感和信任感，学生才能从被动转化为主动寻找辅导员的帮助。举个例子，学生一般主动找辅导员谈心，目的很明确，就是希望可以得到有效解决问题的方法，而如果本末倒置，换成辅导员主动找学生谈心，那么可能在学生心中会自动地形成一层屏障，不利于走进学生的心里，为其答疑解惑，可能会影响到教育的效果。

因此辅导员的个人魅力也在无形中影响着工作的开展效果。

3. 高校辅导员本人的角色期望

辅导员的任职时间不一，多则5年，少则4个月；辅导员的学历多为本科学历，部分是硕士学历；辅导员所学的专业并不全是教育专业，各种专业都有涉及，但是与教育相关的专业更集中。现今高校大学生绝大多数都是独生子女，不论生活在城市或农村，都曾长时间的生活在学校和家长的呵护下，比较缺乏自制能力，独立性不强，因此需要更多地在生活和学习上对其进行帮助和关心。因此，辅导员角色期望基本是围绕学生工作的本身，主要包括学生成长的指导，思想的引领和对学校、学生的作用发挥三个方面。

（1）学生高校大学生涯的领航员：辅导员在与同学们的接触中，能够被青年人的朝气所感染，使自己保持一个年轻的心。每每看到学生在活动中获奖、在学业上拿下奖学金、在生活中自食其力，自豪感和满足感便会油然而生。辅导员是学生们最亲近的人，学生总会在第一时间向老师分享自己的收获与喜悦。面对着自己所带的学生，经过高校大学生活的熏陶，从懵懂逐渐成熟，并且综合素质得以提高，到最后找到一份如意的工作。老师由此能够感受到教师职业的神圣，由培养一个全面发展地对社会有用的合格毕业生，感觉到自己实现了较大的自我价值，仿佛就是大海上的灯塔，为学生们领航，为他们前进指明了前进的方向。

（2）学生思想上的引路人：大学期间是青年学生价值观形成的重要时期，面对相对复杂的社会熔炉，他们涉世较浅，思想容易受到不良思潮的影响，尤其是在互联网快速发展的今天。辅导员通过主题班会、专题团课、基础党课、社会实践等形式，可以引导广大高校大学生积极培育和践行社会主义核心价值观，认清国情和世界的发展的形势，了解社会，培养高尚的品质，培养其独立思考、辨别是非的能力，给予他们精神食粮，使他们能够主动地进行科学文化知识学习，掌握本领，立德修能，以积极的心态面对今后的人生。

（3）联系学校与学生的纽带：辅导员的职责范围几乎涵盖了学生的学习、生活、工作等各个方面，与学生打成一片，亦师亦友。对于学生的合理诉求的反馈、学校相关精神的传达，辅导员是其中的桥梁。在学校发展的进程中、在学生成长成才的道路上，高校辅导员有时候工作也难做，但是经过多方努力，最终也可以达到学生满意、学校肯定。学生和学校的良性互动，是他们工作中希望看到的最好结果。

## 三、角色定位问题对辅导员队伍管理产生的影响

### （一）辅导员职业发展路径不畅

个别辅导员在工作中有工作拖延症，且容易出现冷漠、被动等待、不思进取、性格急躁等现象，不能很好地控制情绪，甚至想逃离辅导员岗位。最终，nfnfg 导致其调往职能部门或者其他辅助性岗位。与此同时，个别辅导员在行为方面还存在消极应付工作的情况，例如，逃避学生上门咨询或者有意地拒绝学生，减少与学生接触的情况。总而言之，就是个别辅导员不能针对学生的实际情况，科学的开展工作，从而确保工作的有效进行。

### （二）不能充分保障思想政治工作实效

一般情况下在高校中辅导员一人身兼数职，其基本工作主要包括：思想政治教育、党团建设、社团管理、公寓管理、就业指导、建设学生干部队伍。简而言之也就是为学生的思想政治教育工作保驾护航，为与学生沟通打造一个良好的环境。与此同时，由于这些工作相对琐碎的，分散着辅导员大量的精力，甚至影响其更好地开展核心工作，加之在日常工作中不能与时俱进地更新理论知识、教育水平、业务能力，这样一来就很难真正有效的切实贯彻创新管理，从而削弱思想政治教育效果。

## 四、影响高校辅导员角色定位的原因分析

### （一）影响高校辅导员角色定位的社会因素

1. 社会宏观环境新变化带来的挑战

随着我国改革开放和社会主义市场经济体制的不断发展和深入，使得社会价值发生着急剧变化。市场经济带来的经济性、效益性和竞争性及自主性等影响，潜移默化地影响着每一个社会成员的观念和行为，必然也对辅导员的思想观念和价值取向造成深刻影响。这些影响一方面有利于辅导员开阔眼界，有利于激发起个人发展动机和成就欲望，但也有负面影响。过分看重个体性、自主性和竞争性，容易产生急功近利和个人主义倾向，导致辅导员角色行为不当和对角色认知模糊。辅导员作为高校教师的组成部分，以及其担负着思想等方面的教育和引导职责，

具有较强的道德行为示范性，社会和学校等都对其赋予了较高的、不同的期望。因此，在实际工作和生活中辅导员个体往往面临着新旧价值观念及时转变的问题考验，如若不能及时地进行心理调适，就可能陷入心理上的冲突和压抑，进而导致所扮演角色的冲突和混乱。生活在社会转型和发展时代的高校大学生，他们在思想、个性和行为特征等方面，无不深深地打上了时代的烙印。伴随着改革开放和全球化成长起来的一代，他们学习世界先进文化和文明成果的同时，也容易受到腐朽思想和不良生活方式的影响。受到个人阅历和思想水平等的限制，导致其在思想觉悟和生活、消费观念上容易被误导，产生个人主义、享乐主义、自由主义等倾向。除此之外，高校扩招问题、独生子女增加问题、就业问题等及其衍生问题的出现，也是影响辅导员角色定位的重要因素。高校扩招与高等教育大众化时代的到来，有利于提高我国整体文化素质水平，但也带来了不少问题和挑战。诸如生源质量下降，这是无可争论的事实。毕业生持续增加，就业难成了现实的问题，这也是引发高校大学生心理问题的原因之一。随着高校规模不断扩大，人数持续增加，所牵涉的问题也越来越多，上万甚至数万有着不同家庭背景、教育需要、思想水平的学生集结在校园里，给高校的管理带来了许多困难和挑战，这也使得辅导员角色外延不断被深化，工作任务在量上和难度上都有很大增加。

2. 学生工作转型和深化带来的挑战

我国高校辅导员的工作内容和主要职责与高校学生工作的内容是一致的，并随着教育改革的不断深入和学生工作的转型而发生变化与转换。其传统核心任务始终是加强对学生思想政治教育的引导。随着社会环境的变化和发展，促进了高等教育的不断推进，同时对高校学生工作的转型和深化也提出了新要求，这使辅导员的角色扮演面临新的挑战。辅导员制度建立之初，其工作主要集中在学生思想政治教育的引导和日常管理事务。但是随着我国现代化建设和市场经济的不断完善，素质教育的全面推进，学生面临的问题层出不穷。学生压力大，心理问题凸显，要求加强学生的心理疏导；不良思想观念涌入校园，影响校园和谐氛围，要求加强校园文化建设；高校扩招，自主择业政策的实施，造成就业压力大，要求及时对学生进行职业生涯规划和就业指导；互联网的普及，虚拟空间里大量信息充斥，要求对学生进行思想教育的网络延伸……可见，辅导员的工作早已不再局限于思想政治教育，多重角色的扮演考验着辅导员的各种能力和素质。学生工作的转型和深化，赋予了辅导员很高的期望和工作内容的不断拓展。

辅导员既是干部，又是教师，赋予这种双重身份是对辅导员队伍发展一种关照性的制度安排,给辅导员的发展提供了政策性倾斜。但是这种双重身份,也导致了对辅导员角色期望过多,既有来自作为教师的角色期望,也有作为干部的期望,使辅导员扮演的角色更加复杂化。这种高期望是对辅导员的激励,但同时也容易引起辅导员角色冲突和工作压力。

### (二)影响高校辅导员角色定位的制度因素

1. 辅导员管理机制不顺畅

在一些高校中或多或少存在着辅导员管理机制不够顺畅的情况,大多处于校、院两级管理归属不清楚的状态。无论哪个部门基本都可以指挥辅导员。辅导员的考核、检查等工作由校学生处、团委和院里管理;人事任免、福利编制等由党委组织部和人事处负责。在这种多头管理的机制中,辅导员既要肩负学校委派的任务,又要处理院里的学生事务,导致辅导员扮演角色过多,岗位职责过于繁重,承担许多工作任务的同时,还面对着不同的行为规范,面临着来自各个方面的压力和监督。管理机制的不顺畅衍生出岗位职责的不明确,工作内容的复杂,使辅导员角色难以定位,不利于辅导员角色的实际践行,其对学生进行思想政治教育的核心任务也难以履行。倘若遇到紧急情况或人手不足,辅导员是最先被想到的,变得异常忙碌,但遇到培训和进修等机会的时候,往往又无人问津。一直以来,我国对辅导员的角色定位主要分为两个方面,一个是行政人员,另一个是教师。也就是说,辅导员的出路和职业发展方向基本就两种,一种是努力向党政工作或行政管理工作靠拢,等待晋升提拔;一种是专心于相关学科的教学研究,等待机会争取成为真正的专业教师。

2. 高校对辅导员队伍建设重视程度不够

部分高校不够重视辅导员队伍建设的重要性,在实际工作中,只把科研和教学作为工作重心,把经济效益和学术成果摆在突出位置,而忽视了高校辅导员的思想政治教育作用,或是只把其看作附庸职能。在实际工作中这种不重视表现为两种情况。

(1)人员配备不平衡:据相关调查,几所高校辅导员和学生的比例达到了1:300或1:350,甚至更低。辅导员在学校编制上得不到保障,有些学校还存在以兼职代替专职辅导员的现象,不仅影响辅导员队伍建设,而且也影响其自身发展。

(2)结构不合理:近年来,辅导员的学历层次较以往有所提高,硕士生和博士生也加入了辅导员队伍,为辅导员队伍注入了生机与活力。但辅导员队伍结构问题突出,一些学校在辅导员的选聘时主要强调辅导员是不是中国共产党党员,是不是硕博学历,而其实际所学专业被放到次要位置。尤其是一些理工科专业毕业的辅导员未经过专门的职业培训,缺少教育学、心理学、社会学和管理学等相关知识,缺少学生教育和管理的功底及技能。

### (三)影响高校辅导员角色定位的个体因素

毋庸置疑,高校辅导员的角色定位会出现偏差是有原因的,而这主要可以分为主体原因,即辅导员自身的原因;客体原因,即外部的原因。

1. 辅导员自身的性格因素

性格是指人对现实的态度和行为方式中比较稳定的,与社会相关最密切的人格特征。只有具备该职业所要求的性格特征才能更好地适应这一职业工作。选择职业时,要充分考虑自身性格特征与职业特点,实现性格与职业的匹配,有利于更好地发挥个人才能和优势,这在职业心理学和人力资源等领域早已成为无可争议的事实。辅导员作为一种职业,对从业人员的性格具有特殊要求。作为教育工作者,经常和学生接触,从事学生事务的教育和管理工作,其言行对学生性格的形成和发展具有潜移默化的影响。作为行政管理人员,经常与上下级打交道,负责传达和执行上下间的任务。正是由于辅导员在高校中担负着教育引导、监督管理、桥梁纽带和榜样示范等作用,要求辅导员要具备积极、健康的心态和开朗、乐观的性格。辅导员工作是一项爱心与责任心共融的事业,教育不能缺少爱,所以是否具有较强的事业心和责任感、耐心和热情,是否开朗而稳重等,是辅导员选聘机制在辅导员入门时应该慎重考虑的。

2. 辅导员角色自信不足

辅导员的态度也是影响其能否充分发挥身份作用的关键因素。如果辅导员自身都不热爱自己的工作、对自己缺乏信心,认为自己不能够很好地融入工作之中,以消极的情绪对待工作,那么又如何能够充分发挥角色功能呢?相反的如果作为角色主体的辅导员能够从心里认识到辅导员工作的重要性,对自己的工作充满了自豪感,乐于工作,那么必然在日常的工作中会更加强调细节,同时自觉地不断提升自我、充实自我,从而更契合其群体角色期待。辅导员的角色归属感处于相对较低水平。现实生活中一些辅导员错误地低估自己,认为自己的工作其实就是临时性的,只是一个过渡阶段而已,他们希望自己在未来的工作中能够成为优秀的专任教师，或者职能部门的工作人员。在这样的想法的影响下，从事辅导员工作的人随着工作年限的增加在逐步减少。特别是坚持七八年以上的工作人员更可以说少之又少。绝大部分的人在工作3到4年左右的时间就会选择重新调整自己的岗位，部分辅导员甚至表示希望可转到专业课教师队伍之中。这就导致了刚积累了经验的辅导员就流失，或者转到学校其他部门的工作中去，而这样学校就不得不聘用新的人员来弥补辅导员的空缺。这就难免会产生因资历较老的辅导员的调动，而出现对新进辅导员的帮扶和指导功能的缺失，这对于辅导员甚至可以说对整个高校学生工作的开展都是非常不利的。因而，可以说对待角色的态度很大程度上，影响着辅导员个人的发展定位，态度不同，岗位作为也会迥然各异。目前，高校辅导员角色的职业方向不够清晰，角色素养等方面也不容乐观，在这一尴尬的局面下，辅导员的工作就更加难以顺利地开展。加之辅导员队伍专业化程度相对较低，距离形成一个专门的职业方向还有很长的路要走，对自身的职业发展，不少辅导员感到困惑。他们扮演着多重角色，始终奋斗于学生工作的一线，导致没有精力去引导和教育学生，难以腾出时间来提升自己的专业素养。目前高校辅导员队伍流动性大，整个队伍以年轻人为主，且缺乏专业水平，因此当务之急是要进一步强化辅导员的自身素质。

3. 辅导员对自身角色认知的偏差

实际上，不少辅导员都把自己的角色定位为行政管理人员，而在实际工作中辅导员扮演着多重角色，面对多方面的要求和角色期望，使一些辅导员忽视了思想政治教育引导者这个本职主要角色，出现不同程度上对自身角色的认知偏差，造成以行政工作为主，工作重心偏离等现象。一直以来，社会和学校等对辅导员的认知和评价等方面存在不合理认识，致使一些辅导员对自身角色的评价不是很理想，职业认同度不高。一些辅导员选择本职业并不是因为自身职业兴趣，而是考虑到其他诸多原因，把辅导员岗位定位为读研的捷径，进入学校管理层的踏板或是成为专业教师的曲线方式等。这些自我认知的偏差，容易造成社会等方面对辅导员职业认可度的降低，不利于辅导员专业精神的提升，更不利于辅导员队伍的专业化发展。

除此之外，多数辅导员普遍反映：他们很想投入时间与精力让自己的工作得到提升，但经常被琐碎的事务性工作所困扰。究其原因，主要是高校人力资源管理技术使用程度比较低，当前高校运作体制还有待于完善。纵观我国高校，班级作为学生开展活动的最小单元，与学生有关的各个方面的事务性工作，就落到了专职辅导员和兼职班主任老师等基层学生工作者的身上。除此之外，兼职班主任老师往往多为专任教师，忙于教学任务，同时这些工作岗位的职责也没有被明确的限定。学生为了方便，有事情直接找辅导员，使辅导员在工作当中总是感到手足无措、条理紊乱。通过与一线辅导员的访谈，绝大多数辅导员表示很少接触到有关辅导员角色冲突调适，以及有关能够提高个人技能等方面的书籍。除此之外在实际的工作中，组织更强调的是要求辅导员确实服从上级的安排，接受并履行上级所交代的任务。但是却不能科学的定位自身角色，即表现为一些辅导员认为自己在离校工作中充当"学生保姆后勤人员"的角色，认为自身与管理干部、专业教师等均有着大的出入，甚至认为自己所从事的不过是一些技术含量较低的"杂活"，而不能客观、准确的定位自身的地位、身份、职责。这样局面的形成，与外界对辅导员的角色期望和辅导员对自身的角色认知密不可分。

4. 辅导员自身专业素养和专业技能有待提升

从职责和工作内容的角度考虑，辅导员工作是高度的专业性和综合性的统一，要求辅导员应具备较强的职业素养和工作能力，这是辅导员角色本身对角色扮演者的客观要求。但是由于辅导员工作内容宽泛，工作量大，既要负责学生日常事务的教育和管理，还要负责相当的行政职责，多种角色于一身，使得辅导员在忙碌之外，没有多余的时间和精力进行及时的学习来提高个人专业素质和能力水平。加之很多学校对辅导员队伍建设的不重视，缺少必要的辅导员专业技能培训，在辅导员职业规范方面管理松懈，引入不少未达到职业要求的人员，造成一些辅导员专业素养和技能不高，业务知识欠缺和知识更新不及时等问题。致使不少辅导员缺少对学生进行教育引导和事务管理的技能和知识储备，部分辅导员面对工作的新形势和新问题缺乏相应的新手段、新办法，容易引起处理事务时的不适应和手忙脚乱，不利于工作的顺利开展，甚至给角色扮演带来冲突和紧张。这是影响辅导员角色合理定位的重要因素之一。

5. 角色实现保障机制不完善

党中央对新形势下的高校学生思想政治教育工作十分重视，对高校辅导员的建设与发展提出了更高的要求。在高校辅导员角色日益完善、优化的同时就必须进一步强化政策，但是就当前各大高校的实际切实贯彻情况来看，显然存在认识水平不够深化、滞后的考核制度、保障机制力度不够、培训力度不足等问题。具体而言，主要有以下几方面。

首先，过于宽松的选拔招聘环节。其主要体现在没有明确选拔标准，绝大多数的高校在招聘过程仅强调要具有一定的"学科专业背景",而没有进一步具体、明确的规定标准,从而使所招聘的辅导员来源广泛,背景复杂。例如,过于薄弱的专业技能或者与所带的学生的专业不相吻合等情况。这样一来就很容易影响辅导员在工作中顺利地开展工作,给其职业化发展带来一定的压力。

其次,对入职的基本要求不高。虽然说在一些招聘会上高校多会要求应聘辅导员者要具有职业指导师、心理咨询师等资格证书,但是在实际的选拔人才中对这些因素的要求并不高,甚至只需要通过笔试、面试等综合考量,即可确定结果。有的辅导员培训班为期7天,总计56学时的学习,完成培训和考试后,能够顺利获得辅导员资格证书。部分新进辅导员并没有参加过相关培训,不利于新辅导员真正掌握工作所需知识和技能。综上所述,高校辅导员宽松的准入门槛,这无论是对招聘或者辅导员日后开展工作都是非常不利的。另外,高校未充分发挥考核机制效果。当前很多高校在考核辅导员中存在过于重视奖惩而忽视发展的重要性,流于形式或者简化考核体系,过于强调结果而忽视了对过程的重要性,或者没有使用恰当的考核方法,等等。总之尚未能充分发挥考核的作用,不健全的考核体系很难真正激发队伍的工作活力,反倒带来一些负面影响。

再次,培养培训力度不够。纵观全国高校专业设置,没有专门的高校辅导员专业,缺少学科体系支撑,终将影响到辅导员职业化、专业化发展。虽然教育部强调一定要切实贯彻对本校辅导员的辅导和培训工作,但是就当前的实际情况来看,仍存在形式化现象。短暂性的岗前培训,或者以下发应急性的任务为主要讲解方式,导致出现了严重的培训短板。除此之外,由于过于单一的培训方法,缺乏针对性的培训内容,陈旧的培训方案,缺乏专业的师资队伍等诸多方面的因素影响,整个培训过程充满了随意化的色彩。

最后,尚未健全完善的激励保障制度。就当前来看我国很多高校都尚未建立健全完善的激励保障制度。与此同时由于人的精力是相当有限的,辅导员被日常烦琐的事务缠身,因此无法挤出更多的时间投入科研或者其他领域的工作当中。但是教学、科研、个人奖励、评优评先等各方面对教工的个人评价却有着很重的分量。因而在日常的工作中就会出现一个这样的局面,即辅导员已经付出了极大的努力,但是由于没有达到科研成果、课题,以及教学工作量等,而无法获得晋升或者评定职称。在当前的高校人事管理制度下,职称对于一个教师一生的发展又是极为重要的。这样一来就会使辅导员的工作量大,但是工资却不高,如此一来就不能很好地激发其工作的热情,从而使其更好地融入日常的工作中。

## 五、对高校辅导员角色定位的建议

### （一）坚持把思想教育者角色摆在首位

调查结果显示，高校辅导员的角色定位虽然丰富，但学生最希望辅导员扮演"学生问题的解惑者"。因此，高校辅导员应先扮演好这一角色。面对学生在学习和生活方面的问题，辅导员要积极帮助学生有效地解决问题；面对复杂的国际局势，学生容易受到不良思想的影响，辅导员应对学生的思想加强引导，提高学生的思想政治素养，明确自身的岗位职责，明确自身的思想政治教育者的身份。

### （二）逐步降低管理者角色的显要位置

调查结果显示，学生最不希望辅导员扮演"学生工作的管理者"这一角色。辅导员的角色定位虽然要将学生的意愿作为依据，但不能完全遵循学生的意愿。因此，高校的辅导员要逐步淡化其"学生工作的管理者"这一角色，而不能完全从辅导员角色集中将其消除。辅导员作为学生工作的管理者应适应教育环境的变化，转变自身角色，由学生工作的管理者逐步转为学生工作的服务者角色，以便更高质量地完成学生工作；另一方面，辅导员要逐步降低管理者在其角色组合中的显要位置，改善自己与学生之间的关系，与学生平等相处，提高自身的亲和力。

## 六、新时代高校辅导员角色建构的出路

### （一）减少辅导员角色期望的多样性

辅导员的角色期望是因时而进、因势而新的，新时代辅导员角色期望有其发展性、多样性和冲突性的特点。在新时代高校辅导员的角色集中，包含9个不同领域的角色，这些角色包含了"事务工作者""理论研究者""教师""朋友"等性质不同的角色。"事务性工作者"需要个体耗费大量的时间和精力，重复性极强，而"理论和实践研究者"需要个体静心于理论研究，要求个体富有创造性。这两个角色对其扮演者的要求相差甚远，因此辅导员在扮演着"事务性工作者"角色的同时很难再扮演好"理论和实践研究者"的角色。"教师"为人师表，需要具备一定的理论知识和丰富的实践能力，为学生传道授业解惑，是师者和长辈，而"朋友"是建立在双方平等基础上的身份，要求双方有一定的相似性，是伙伴和同辈。因此，辅导员在扮演着"教师"角色的同时也很难再扮演好"朋友"的角色。新时代高校辅导员角色的发展性导致其角色集的多样性，而角色的多样性又导致了其角色的内在冲突性。但在国家和社会所赋予辅导员的角色期望不能改变的情况

下，配置班主任和辅导员助理来承担部分角色，是减少辅导员角色期望多样性的另一种途径。

## （二）提升辅导员的职业地位

辅导员在高校工作体系中还是教师身份，虽然可以承担相应的行政工作，但不能影响辅导员日常的学生事务管理工作及教育教学工作。保证辅导员教师角色不改变，从根本上要推进辅导员队伍专业化建设。这种专业化表现，一方面，要提高辅导员的地位，提升辅导员对自身的认同感；另一方面，提高辅导员专业技能和专业素质，打造高水平高标准的辅导员教师队伍。

## （三）提高辅导员角色领悟的充分性

从新时代高校辅导员角色领悟的现状的分析可知，辅导员并不完全认同自身角色。其中，"思想理论教育和价值引领者"的角色领悟程度最高，比率接近1；"理论和实践研究者角色"领悟程度最低，有23.6%的辅导员不认同此角色。辅导员的角色领悟会决定其角色实践，虽然现实情况会使两者存在偏差，但个体还是会在实践过程中努力扮演好自己认为应该扮演的角色。从对优秀辅导员的访谈资料中可知，他们完全认同自我角色，角色领悟水平很高，他们会在完成自己工作的基础上钻研1到2个角色领域，同时能坚持工作中的理论研究。要致力于提高辅导员角色领悟的充分性，就需要结合被访谈辅导员的职业成长环境、成长路径，以及外部支持的需求来进行分析。因此，推动思想政治教育学科建设，加强辅导员专门人才的培养力度；建立职业准入制度，把好辅导员入口关；实现辅导员工作注册制，把好辅导员工作过程关；完善各级培训制度，加强辅导员培训力度；等等。这些都是组织提高辅导员角色领悟的有效策略。

### 1. 加强辅导员专门人才的培养力度

和国外的高校大学生事务工作者不同，我国目前并没有一个对应辅导员工作要求而设立的大学专业来，培养辅导员的专门人才，大多数高校在招聘辅导员时也并不限制辅导员的专业，这就造成了新晋辅导员在扮演角色的初期无法深刻地认识角色期望，也就不可能很好地完成自身的角色领悟。这成为辅导员在角色领悟中的先天不足。强大的学科支撑，连贯的人才培养路径是专门人才培养的一个决定因素。辅导员最初的职业角色为"政治引路人"，因此，思想政治教育学科作为其学科支撑有其历史性和必然性。但随着时代的发展，辅导员的角色从单一角色到九个角色,思想政治教育学科的支撑是否足够?是否在时机成熟时可以将辅导员工作发展为学科的一个专业方向?辅导员工作专业方向是不是社会学、心理学、思想政治教育学科的交叉学科?这些都是辅导员是否能够深刻领悟自身角色需要有效地解决的源头问题。与此同时,辅导员博士培养作为辅导员高级专门人才的重要培养途径,应该在学术上、实践上为博士生创造良好条件,高校亟须一批既熟知从事辅导员职业相关的理论知识,又熟悉辅导员实际工作的博士生导师来加强辅导员博士的培养力度,让理论走出书本和辅导员的工作实际紧密结合。高校要为博士生提供担任低年级学生辅导员的工作机会,让他们在实践中研究理论、创新理论,推动学科和专业的发展,也加强了辅导员整体的角色领悟程度。

2. 建立职业准入制度

实现辅导员工作注册制,把好辅导员工作的过程关;完善各级培训制度,加强对辅导员的培训力度。在辅导员入口处建立必要的职业准入制度,可依据《高等学校辅导员职业能力标准(暂行)[1]》的知识范畴进行专门考试,通过后取得执业资格证书,有执业资格的辅导员才能参加高校辅导员的选拔任用,让他们在成为辅导员之初就能充分知晓自我角色。采用全国统一的辅导员工作记录,让初级、中级、高级的辅导员年限有权威的机构进行记录和认证,使辅导员的管理过程实现统一化和规范化。并针对不同工作年限的辅导员进行不同程度的角色领悟方面的培训。加强对辅导员科研项目和访问学者的支持力度,让更多的优秀辅导员在工作实践中接受高水平的学术指导,提高角色领悟水平,提高学术能力。加大思想政治教育工作专项博士的招生力度,让更多优秀的辅导员接受系统的学术训练,成为辅导员学术研究的先行者,推动辅导员整体角色领悟水平的提升。扩大辅导员短期国内外交流和短期培训的覆盖面,交流学习的机会应更多地向独立本科院校辅导员和高职高专院校辅导员倾斜,让他们能够在繁重的工作中进行学习交流,更好地提高他们的角色领悟水平。

### (四)拓宽辅导员实现价值的路径

辅导员作为高校大学生思想政治的教育者、思想价值的引领者,实现个人价值的重要方式是做好高校大学生思想政治教育,成为高校大学生学习、工作、生活上的领路人。学校应为辅导员提供对学生进行思想政治教育的更多渠道,不能

---

[1] 教育部.高等学校辅导员职业能力标准(暂行).2014.3.27

仅局限在课堂教学之中。

### （五）减轻辅导员角色实践的繁重性

从高校辅导员角色实践现状可知，辅导员在角色实践中面临繁重的日常事务性工作，这耗费了其大部分精力，导致其自我角色领悟和角色实践难以保持一致的问题。因此，要减少辅导员角色实践的繁重性，提高辅导员角色扮演的充分性，需要采取划清辅导员工作界限和营造同向同行育人环境的策略。

### （六）促进辅导员有效建构自我角色

在采取以上策略帮助辅导员减少角色期望的多样性、提高角色领悟的充分性、减轻角色实践的繁重性后，组织还应该采取构建辅导员工作团队、打通辅导员"多线"晋升通道的策略，来帮助新时代高校辅导员有效建构自我角色。

1. 构建辅导员工作团队

学校应培育辅导员工作团队，实现辅导员角色的单一化，尽量在配置一线辅导员时遵循事务性辅导员（本科生）和研究型辅导员（硕士、博士）相结合，初级、中级、高级辅导员相结合，不同专业教育背景的辅导员相结合的原则。在日常培训中丰富培训的层次和内容，满足处于不同发展阶段的辅导员的需求，引导不同年限的辅导员结合自身特长进行职业规划，鼓励他们坚持某一专业领域的研究，成长为这一领域的专家。将一个基层教育单位的辅导员团队，培育为九个角色均有专家的专业学生事务管理团队，指导学生有效地解决成长过程中的不同困惑。

2. 打通辅导员多个晋升通道

教育行政主管部门需要督查高校将《普通高等学校辅导员职业能力标准（暂行）[1]》《普通高等学校辅导员队伍建设规定[2]》中的人员配置、职称评聘等政策切实贯彻落地，避免出现政策"空转"。高校要切实贯彻辅导员职称评聘单列计划、单设标准、单独评审，评审过程应充分考虑辅导员工作的特殊性，不能简单地统一到专业教师序列去一概而论。各学校应根据自身情况制订辅导员评级定级细则，对应相应的职级待遇，让辅导员职务晋升不单为狭窄的"机关"途径，形成辅导员职称、职务、职级的"多线"晋升通道，稳定辅导员队伍，做好辅导员专业化、职业化发展的导向。

---

[1] 教育部.高等学校辅导员职业能力标准（暂行）.2014.3.27
[2] 教育部.普通高等学校辅导员队伍建设规定.2017.8.31

## 第三节 高校辅导员的核心素质及核心能力

### 一、高校辅导员应具备的核心素质

#### （一）优秀的道德素质

高校辅导员要培养学生的优良品格，塑造学生的灵魂，这是由辅导员教育性的特点决定的。辅导员不仅需要向学生传授思想政治教育的有关知识，还要向学生传授做人的道理。这就要求高校辅导员首先要具备良好的思想道德风范。辅导员的个人的思想道德风范对学生有重要影响，这种影响是教材、道德格言、奖励和惩罚都不具备的。辅导员良好的个人的思想道德风范能够成为学生学习的榜样，潜移默化地影响学生的学习和发展。良好的个人思想道德风范也能够提高辅导员在学生中的影响力和公信力，使辅导员更易于展开学生工作，提升学生工作的质量和效率。辅导员良好的个人的思想道德风范主要包括以下两点。

1. 个人品德

高校辅导员良好的个人品德是指品德高尚、平等地对待学生、为人真实诚恳、对自己有严格的要求。

2. 职业道德

高校辅导员的职业道德有三层内涵：

（1）高校辅导员要有崇高的职业信念，要热爱自己从事的职业，热爱自己的学生，有责任感。在工作中，要保持积极向上的心态，及时了解学生的学习情况。

（2）高校辅导员要有高尚的职业道德品质和精神品质。这些品质能够在工作过程提高辅导员的感召力，无形的影响学生的学习和未来的发展，使学生的品格更加完善。

（3）高校辅导员要有创新意识。辅导员要针对不同学生的不同特点，遵循因材施教的理念对其进行教育。同时，辅导员要大胆创新，改革教学模式和教学方法，更好地为学生服务。

现阶段，我国高校辅导员已经清晰地认识到了当今形式下的高校思想政治教育的作用和认识，能够将思想政治教育作为伟大的事业来完成，在工作过程中，表现出责任感、使命感、职业荣誉感和奉献精神。但要注意的是，在社会主义市场经济条件下，物质财富极大提高，人们的价值取向逐渐呈现出多元化的特点，有些人的价值追求出现问题，由追求长远的目标转变为追求眼前目标，由追求精神富足转为追求物质财富，由追求集体利益转为追求个人享受。受到这些价值观念转变的影响，一些高校辅导员对思想政治教育工作的认识发生了动摇，出现了工作不积极、不认真、工作主动性不足等问题。

在当今形式下，高校辅导员工作任务艰巨、工作难度高、工作责任大。辅导员要想高质量地完成本职工作需要付出自己的休息时间，而辅导员的待遇与辅导员的付出不符，导致一些辅导员出现心理落差，责任意识和敬业意识开始淡化，并表现为工作中的种种问题。因此，要增强高校辅导员的素质和能力，引导他们形成对高校思想政治教育的作用的正确认识，提高他们的责任意识和敬业意识，提高对所从事的职业的认同感。

**（二）良好的心理素质**

高校辅导员要切实贯彻学校的教学计划、协调学生与学校之间的关系。这些工作的完成，都需要良好的心理素质作为支撑。良好的心理素质能够帮助高校辅导员更好地完成学生工作。辅导员的工作十分繁复，处理好这些工作要求辅导员要具备以下几项心理素质。

（1）辅导员要对学生工作充满热情，要有完成工作的耐心。

（2）辅导员要有宽和的心态，面对突然出现的情况要不急不躁，面对工作上的误解要不愠不怒。学生不配合自己的工作时要平和处理，积极与学生沟通，不可粗暴对待。

（3）辅导员要富有爱心，要关心学生在思想或情感上的问题，引导学生走出困境。

（4）辅导员要有进取心和坚定的毅力，要能够应对工作中出现的问题和挑战。

## 二、高校辅导员应具备的核心能力

**（一）组织协调能力**

一般情况下，高校辅导员要管理的学生约有一百多人，面对如此庞大的群体，要求辅导员要具有组织管理能力和协调沟通能力。在工作中使用科学的管理方法能够培养学生的独立意识、现代生活观念和人文精神。随着时代的发展，当代高校大学生有着强烈的民主意识和自主观念，这就要求辅导员要使用科学的管理方法对其进行管理。如建立公平合理的规章制度对学生进行管理。建立科学合理的规章制度并切实地执行，能够展现辅导员的管理能力和管理素质。同时，辅导员还要与学校的各个部门积极沟通，协调工作。良好的沟通协调能力是高校辅导员的一种专业能力。良好的沟通协调能力不仅应用于与学校各个部门的沟通,也应用于与学生的沟通。积极有效的沟通能够促进学生工作的展开。

高校辅导员的组织协调能力包括班级结构设计、班级人员配备、指导班级实现学习目标。班级结构设计要以班级整体目标和班级的主要任务为基础。

## （二）语言表达能力

高校辅导员要具备良好的语言表达能力，在对学生进行思想政治教育和展开学生工作时要使用内容丰富、逻辑严谨、形象生动的语言。语言表达能力对于高校辅导员来说至关重要，辅导员要掌握一定的表达技巧，使自己的语言表达准确、严密、生动。高校辅导员要掌握交流沟通和论辩的技巧，能够准确完整地表达自己的观点，要善于做演讲和宣讲。此外，高校辅导员要能够使用语言将自己的工作思路条理清晰地表达出来，以便向学校领导汇报工作。

思想政治教育主要是通过语言完成教师和学生之间的交流。因此，语言表达对于高校辅导员工作的完成有重要影响。

高校辅导员的语言表达要适应学生的层次性的特点。高校学生有层次性的特点，这些学生来自不同的年龄层，有各自不同的经历，具有互不相同的性格和素质等。这就要求高校辅导员要在与不同的学生沟通时采取不同的语言表达技巧。

对于勤奋好学的学生要使用委婉的侧面提醒的方法，使这类型的学生能够及时发现自己在学习中存在的问题和不足之处；对于平时不遵守学校规章制度和课堂纪律的学生要使用严肃批评的方法，直接对其不良习惯给出严厉的警告；对于自尊心较强的学生要使用柔和委婉的语言向其讲授道理；对于性格活泼的学生要使用活泼生动的语言对其进行教育；对于学生干部要采取直接沟通的方式，直接指出学生工作中的问题；对于学习成绩处于班级中层的学生要使用激励性政策鼓励他们努力学习；对于学习成绩不佳的学生要使用开导性的语言，劝其努力学习。总之，高校辅导员要根据学生的不同层次使用不同的语言表达极其意，并针对学生的具体问题给出建议。首先，高校辅导员的语言表达要满足学生的爱的需要。高校辅导员要保证能够为学生提出正确的建议，在向学生提出建议的同时还要得到学生的尊重和爱戴。高校辅导员要在语言表达中表达出学生的关心和爱，如果不是发自内心的喜爱学生，那么他的语言表达将是苍白无力的。高校辅导员需要对学生进行严格管理，但要通过耐心的教诲实现对学生的严格管理。其次，高校辅导员的语言表达要满足学生想要获得尊重的需要。高校学生有较强的独立意识和强烈的自尊心，针对这一特点，高校辅导员应在学生工作中使用恰当的原因激发学生的自尊心，使其发奋学习，以实现在平和的语境中获得最佳的表达效果。最后，高校辅导员可以使用幽默的语言向学生讲述道理。幽默的语言能够吸引学生注意力，提高教学效率。

### (三)服务学生的能力

高校辅导员既是教育者又是管理者,同时也是服务者,在全面推进素质教育的工作中具有重要力量。高校辅导员应具备服务学生的能力以扮演好"服务者"的角色。在当今社会主义市场经济大发展的条件下,由现实问题带来的思想问题越来越多。一般来讲,高校大学生绝大部分的思想问题是由现实问题引起的。辅导员要想办法积极有效地解决高校大学生存在的现实问题,对于不能及时有效地解决的现实问题,辅导员要对学生进行心理疏导,减轻学生的心理压力。现阶段高校毕业生面临很大的就业压力,毕业生急需就业指导和就业帮助。辅导员与学生的关系最为密切,在毕业生的就业指导工作中具有重要作用。高校辅导员应为毕业生提供必要的就业指导和就业服务,指导毕业生科学择业,减轻毕业生的焦虑。

### (四)自我控制和驾驭复杂局面的能力

高校辅导员要掌握一定的心理学知识和心理发展规律并对自己的心理特征有一定的了解,以帮助自己形成对辅导员角色的具体认识。在工作过程中,辅导员要面对来自各个方面的各种各样的问题,心理状态和情绪难免出现波动。这时辅导员就需要使用心理学知识调整心态,平稳情绪,以保证顺利完成工作。此外,高校辅导员需要在工作过程中保持良好的情绪,这样能够提高工作效率,也能使辅导员更受学生的欢迎。现代社会不断发展,社会中出现了很多不确定因素。高校辅导员主要负责学生的思想政治教育,与学生的接触也最为频繁,因此会遇到很多不确定因素。为有效应对这些不确定因素,高校辅导员应在实践中不断锻炼自己,分析影响学生行为和思想的各种因素,以便在面对复杂疑难问题时能够快速判断成因,及时找出应对策略。

## 第四节 高校辅导员队伍制度及发展理念

### 一、高校辅导员制度存在的问题

#### (一)辅导员的角色不清

辅导员担负着学生思想道德等方面的教育职责,工作在学生思想政治教育第一线,是高校学生德育主体的组成部分。辅导员管理学生的各项事务,如主抓课程安排、上课出勤、寝室卫生和组织各种活动等,辅导员与学生之间的关系被理解为管理与被管理,忽视了教师与学生的关系。正是由于辅导员职责覆盖范围含糊，日常学生事务琐碎，工作重点难以突出，而且处于受多个部门管理和监督的学校管理机构最底层，使辅导员很难获得专职教师一样的素养和尊重，其教师身份时常被忽视成为不争的事实。辅导员本人不容易得到社会、学校和学生的认同。辅导员岗位更容易被认为是不具有专业性，而是具有较强的替代性的职位。

由于辅导员日常事务繁重和这种角色定位的不清晰，使得辅导员本职工作不能很好地发挥和展现，陷入了两种困境。一方面，学生日常事务和管理工作繁重，都不分职责的落到了他们身上，不得不处理；另一方面，处理这些事务要花费大量的时间和精力，有悖于对学生进行思想政治的教育引导、心理上的辅导、职业生涯规划和就业等方面的指导。尽管其做了很多工作，但是在心理上与学生处于一种游离状态，很难真正走进学生心里，成为知心朋友，导致了辅导员实际工作量与工作效果的不平衡，工作效率低下。这种在学校中的角色定位不清，还容易导致辅导员对未来职业发展不明确，职业发展信心和动力不足，造成很多辅导员在心理上缺少归属感和成就感，不利于高校学生事务工作的顺利开展。

### （二）双重身份

高校辅导员具有教师与干部的双重身份，但通过调研得出，辅导员真正走上教学岗位的难度相当大，少数辅导员也承担着如就业指导课、公共选修课等一些考察课程的授课工作，但工作量被限制，职称评定可谓壁垒重重。此外，从调研高校定岗定编等相关资料分析来看，辅导员的定岗定编绝大多数情况下与专任教师是一致的。与此同时有很多高校都明确要求要给予一线教师一定的政策倾斜，不能让其教师岗、行政人员"双肩挑"，换言之也就是说辅导员本身就具有双重身份，因此在待遇上也不能仅让其享受一种。如果出现"双肩挑"的情况，对辅导员开展工作是非常不利的，非常容易引起辅导员以消极的态度对待工作，加剧了辅导员队伍的流动性。目前，不乏有一些人将高校辅导员等同于"服务员""保姆"。在大部分离领导及教职员工的心里形成了一种定势：凡是涉及学生的事情都是辅导员的工作职责。后勤服务、教学管理、安全保卫等学生工作以外的任何部门都可向辅导员发号施令。而国家层面、上级教育部门有关文件精神在高校的切实贯彻中，缺乏细化的具体条款，辅导员的岗位权益未能得到有效保护。很多辅导员自身颇感迷茫地感慨"辅导员是块砖，哪里需要往哪里搬"。

### （三）辅导员在高校中的地位有待提高

从高校辅导员自身来讲，对辅导人员的综合能力、专业素养等各方面均提出了严格的要求。但是据统计有相当一部分辅导员并不满意自己的职业，而自《中共中央国务院关于进一步加强和改进大学生思想政治教育的意见①》(以下简称"16号文件")、《普通高等学校辅导员队伍建设规定②》(以下简称"24号令")出台之后,这一情况从一定程度上得到了改善。但事实上与辅导员群体的期望尚有差距。在高校大学生的心目中,多数学生认为辅导员值得爱戴、尊重,因为他们的存在,有利于高校大学生的健康成长。相关部门规定了高校辅导员的首要任务,是对高校大学生进行思想政治教育,十分明确地指出高校辅导员和专业教师同等的德育教师身份,理应发挥同等重要的作用。在学校管理者及相关职能部门的眼中,辅导员的地位和专任教师相比,还是有一定差距,有些人甚至认为辅导员没有什么工作成果,也没有科研的能力,学历也不高,因此薪酬待遇低,职业地位低都是正常的。总之在整个高校教职工群体中,辅导员并没有得到充分客观地评价和认识。

### (四)角色冲突

辅导员扮演着多重角色,也背负着不同人群的角色期望,其是社会、学校、家庭之间的纽带,也是上级、教师、学生和家长之间的桥梁,面对着来自不同方面的期望。就国家而言,希望辅导员成为思想政治教育引导者,提高学生思想觉悟;对于学校而言,希望辅导员成为学生的良师益友、学校相关政策的良好传达者和执行者;对于学生家长,希望辅导员关心和负责离家学生的生活和学习;对于学生而言,希望辅导员不是管理者,而是知心朋友,能够给他们提供及时的帮助和指点。可以看出,辅导员在高校工作中处于节点位置,一旦出现两方或两方以上利益冲突时,辅导员往往进退维谷,既要及时完成上级下达的要求,又要考虑学生的情绪和意见,所以要求其在这个节点上要寻求平衡,如果处理不当,就很可能使自身威信和学生的亲近感下降。辅导员作为高校教师的重要组成部分,渴望受到社会的良好评价和认可,渴望受到任课教师同样的待遇和尊重。其对个人发展空间和职业长远规划、科研和培训也有要求,而这些要求的事与愿违,则往往容易引起角色冲突。此外,辅导员自身性格和价值取向等局限也可能会引起角色冲突。处理大量的学生工作和负责上下级信息的传达,要求辅导员具有良好的交际能力和开朗的性格,更要具备较强的心理承受能力。面对日益变化的各种观念,辅导员如果不能及时转变观念应对,对新旧观念进行调适,很可能在工作中陷入

---

① 中央国务院.中共中央国务院关于进一步加强和改进大学生思想政治教育的意见.2004.8.26
② 教育部.普通高等学校辅导员队伍建设规定.2017.8.31

角色冲突之中。

对于高校辅导员来说，面对不同的角色期望过于复杂，同时又要在工作中处理不同角色间的实时转换，很容易导致辅导员对某一岗位应该扮演的角色出现判断困难或失误，到底该干什么或是不该干什么界限不清楚，感到无所适从。辅导员的职责在理论上，应该是主要负责学生的在思想、学习、生活和就业等方面的指导、服务与管理。但从辅导员实际担任的工作来看，许多非本职的工作都落在了他的身上。因为辅导员往往隶属于某个院系，当院系出现工作任务量大、人手不足时，辅导员就被拉来承担教务工作或是教学工作。

### （五）辅导员配备制度不合理

我国在辅导员人员配备制度方面，存在着制度规定与现实需求脱节的现象。根据全国高校学生辅导员队伍建设来看，对于教育部要求的按照1:200的标准配备辅导员，很多高校都没有达到这个标准，因而，对于教育部这个要求标准配备辅导员有待调整。

其一，在实际工作中，对于一些特殊学生群体，如艺术体育类学生，他们的思维较普通学生更为活跃，个性鲜明，有着不同于普通学生的特点和需求，经常会有各种训练及外出参演节目的情况不在学校。相对于管理普通学生而言，辅导员对艺术体育类学生的管理难度比其他辅导员更大，如果也按照一名辅导员管理200个学生甚至更多的话，很难真正达到对学生的有效管理。

其二，目前我国高校的团委下设学院团委，学院团委下设学院团委书记。经了解，目前高校的学院团委书记大多是由辅导员兼任，一方面辅导员学生工作千头万绪，再加上团委学生的工作，辅导员的工作压力不言而喻。以上情况，如果也按照1:200的比例配备学生辅导员，则容易导致辅导员因事务性工作太多，而对学生隐性存在的问题难以及时疏导。

### （六）辅导员选聘制度缺乏统一标准

虽然从国家层面上对辅导员应该具备的业务素质做了指示，但这只是一个政策宏观上的指导，并未对高校辅导员选聘工作的笔试考核、面试考核等制定相应具体实施办法，导致各高校在具体执行政策时，难免会存在标准上的误差。实际上，各高校招收门槛高低不一，辅导员质量参差不齐的现状，也使得其在管理高校大学生的日常事务方面出现不少的问题。

第一，过多强调政治素养，忽视专业学科背景。通过对全国百余所高校的招聘辅导员岗位的启事进行归纳汇总发现，几乎所有高校都明确要求辅导员应是中国共产党党员，68%的高校在学科背景方面不做硬性规定；而在要求学科背景的高校中，只有51%的高校更倾向于选择有"思想政治教育""教育学""心理学""管理学"等相关专业的应聘者。

第二，学历门槛偏低，与现实需求脱节。随着高等教育大众化，各高校对招聘辅导员的综合能力要求越来越高，特别是在学历上的要求，也有比较明显的变化。通过对全国百余所高校的辅导员岗位的招聘简章进行分析获悉，近年来高校对应聘者的学历要求越来越高，绝大部分高校在招聘公告上明确要求应聘者须达到"硕士及以上"学历，部分高校甚至要求辅导员必须是博士。而我国教育部规定的辅导员学历要求应是本科及以上的标准逐渐与现实需求脱节，已不能完全适应高校的发展。

第三，招聘存在性别、年龄、地域及学校层级限制。如在性别方面，各大高校更愿意吸收男性辅导员，或在其招聘信息上明确规定"只限男性"。更有甚者，对男女应聘者的身高都做出了明确的限制，如男性不低于170cm，女性不低于160cm。在学校层面，有部分学校甚至拔高了学校在应聘中的作用，以"第一学历学校211或985"等条件进行选拔，这些招聘条件往往容易导致辅导员队伍性别不均和名校崇拜等问题的产生。

## 二、高校辅导员队伍专业化、职业化理念

### （一）辅导员职能发展

在高等教育改革不断推进的过程中，高校的学生工作体系越来越复杂、精细。国内的高校纷纷成立了专门的学生工作部门，并且大都是将作为党委机构的学生工作部和作为行政机构的学生工作处合署办公，统称为"学生工作部（处）"。同时进一步细分部门设置，设立了思想教育和学生事务管理的专门机构，这标志着在高校已经有了学生思想政治工作，和学生事务工作分别由不同人员负责的工作要求。学生思想政治工作和学生事务工作的分开之后，辅导员原本"一元化"的工作模式被打破。举个例子，就业中心的成立，一方面是市场化之下高校改革的产物，另一方面将原本辅导员对毕业生工作分配的职责剥离；心理中心的成立，则表明学生事务与政治思想进一步脱离，在此之前高校几乎不关注学生心理问题，心理辅导即是"做思想工作"；废除了国家包上大学的制度后，面对贫困生上不起学的情况，勤工助学、资助管理等部门相继成……越来越多的学生管理事项走上了专业化、专门化管理的道路，以往辅导员"一元化"政治性统合的工作逻辑

不复存在。

"一元化"政治性统合的工作逻辑不复存在之后，辅导员制度的逻辑应转向哪里？以复旦大学为例，该校《本科生辅导员工作职责条例（试行）[①]》规定辅导员的职责有"思想政治教育工作""学生管理工作""辅导咨询工作""素质能力提升"共4个板块、16项内容，除了思想政治教育工作之外，辅导员需要承担诸多辅助性支持。由此可见，在整个学工系统中，辅导员越来越多地提供一些功能性的支持，成为连接学生和各职能部门或者部门职责的桥梁。举个例子，向就业中心反馈班级学生的毕业动向、组织同学参加心理健康测试、对贫困生进行认定并为其申请助学金等。因此辅导员的工作不再是"一元化"的政治性的工作，而是涉及许多方面——思想政治教育、制度建设、奖助金评定、职业发展支持、心理健康工作等。这些工作有的需要辅导员亲自开展、全权切实贯彻；有的在学校设有专业的职能部门来承担相应职责，但是需要辅导员来配合其工作的开展。辅导员的角色由"一元化"向"多元化"过渡，政治性的统合向专业性的支持转变。我国辅导员制度沿着"一元化"政治性统合到"多元化"专业性支持的逻辑，在身份定位、职责要求等方面发生了重大的变化。

在我国建设世界一流大学的过程中，未来辅导员制度的何去何从逐渐受到越来越多的关注。当前高校的辅导员所需处理的事务千头万绪，相应的配套制度却没有跟上，致使辅导员缺乏工作积极性。而作为高校辅导员而言，"专业化""复合型"也来越成为当前工作中最急迫的要求：一方面是思想政治专业的素质需求，另一方面是各种事务性事项的能力需求。面对"多元化"专业性支持的逻辑转变，辅导员们应该在又红又专两个维度提升。做好学生的思想政治工作是一名辅导员的底线要求，这需要"红"；做好学生的日常管理、为学生提供各方面的指导和帮助则需要"专"。要转变对辅导员培养的观念和思路，有必要以思想政治教育专业为核心。构建综合性、复合型的课程体系，培养专业的辅导员团队，让更多的专职人员走上辅导员工作岗位，这将在很大程度上有利于辅导员工作的开展及辅导员价值的发挥。

## （二）辅导员职业化

职业化一词在辅导员这一职业中是指，从事该行业的人员应该经过辅导员相关方面的培训与教育培养，从而掌握对学生进行思想政治教育工作的方法手段，掌握学生管理事务的专业技能与理论知识，令辅导员这一职业成为一个可以长久

---

[①] 教育部.普通高等学校辅导员队伍建设规定.2017.8.31

从事的职业。这些有利于辅导员队伍管理体系与机制的建立。辅导员工作的职业化存在以下四方面要求。

一是为了让广大从业人员认识到该职业的发展前景，提升工作积极性。高校人事部门需要设计一个辅导员考核、任职、晋升的制度改革体系，通过明文来确定与鼓励该职业是长期稳定发展并可从事终生的职业。

二是辅导员从业人员只有在经历一系列的严格的培训和专业学习后，达到从业标准才可以正式上岗。

三是加强辅导员从业人员的职业生涯规划的指导，使其发展渠道得到拓展与畅通，使其发展空间得到提升。从一定的专业方向出发，对辅导员从业人员进行培养，同时还要促进与确保工作职责的有效履行。

四是对辅导员从业人员的培训与再教育要进行规范化管理，各个高等教育学校要依据当代高校大学生思想政治教育的需求，以及高校发展的需要，采取优胜劣汰的原则，通过定期考核的方式，对不合格的辅导员进行淘汰。

### （三）辅导员专业化

这一方面主要是就辅导员从业人员应该具备的职业技能与专业素养来说的。这一工作不是任何单位的工作人员、任何毕业生都能够从事的，这个岗位自成专业体系，要求从业人员有着综合技能与多门专业知识。主要包括：社团组织、社交礼仪、人际关系、就业指导、心理咨询、管理学、教育学、心理学、思想政治教育，辅导员从业人员只有在经历一系列的严格的培训和专业学习后，达到从业标准才可以正式上岗。只有这样才可以清楚地认识到困扰学生的问题，做到深入理解学生所遇到的困难，用自己的经验、技能、知识提供给学生相应的帮助和引导。高校辅导员从业人员的无可替代性与专业化，是让从业人员心甘情愿地履行职业义务的保证。高校辅导员这一工作的专业化也可以通过实际的教学工作方面来体现，需要为学生讲解专业的知识，包括思想政治教育、人际关系处理等，这些都需要具备较高的专业能力，辅导员需要在这些方面不断进行提升，以此来不断增强个人的专业化水平。

辅导员工作的职业化专业化还要求高校辅导员从业人员需要具备一定的科学研究能力与水平。传统的教育思维认为，高校辅导员这一项工作的开展仅仅是靠着相关的工作经验和人格，而较高的理论水准在这一行业需求则没有那么大。这种传统的、落后的教育思维不但降低并阻碍了高校辅导员队伍的整体发展水平，也阻碍了从业人员职业能力素养、探索新方法能力的提高。

## 第五节 高校辅导员队伍建设路径

### 一、凝聚辅导员职业文化

在长期的实践和发展中，每一种职业都会在条件成熟时形成专属的文化。这种精神文化是该群体共同的理想信念、价值观念、职业习惯等综合而成的，反映了该群体的特征，是群体的灵魂和精神纽带。辅导员的职业文化也是如此，它能够增强辅导员个体的归属感和集体感，从而产生推动整体进步的凝聚力。

#### （一）成立辅导员研究协会

精神文化具有内生性的特点，换言之，辅导员的职业文化只能依靠辅导员全体成员共同创造产生，而不能靠移植、复制而得。辅导员共同体创造文化需要依托于特定的辅导员组织，而不是散落的、单个的辅导员个体。放眼全国，关乎辅导员的协会或者组织发展不够充分，中国高等教育学会辅导员工作研究分会（Fudaoyuan offairs research branch of China higher education association，FAR）作为全国性的辅导员协会"出场率"不高，其官方网站建设略显滞后，版块信息少而且更新慢，有些甚至停留在2014年，整体上并没有发挥出其应有的作用。地区或者高校性的辅导员协会数量也相对较少，江苏省高校辅导员工作研究会、合肥师范学院辅导员协会、华侨大学辅导员协会等是为数不多的代表。

群体是由若干个体组成的，个体通过一定的方式发生相互作用，在相互作用中逐步建立稳定的关系，进而发展成某种感情，这种情感因素对于群体任务的完成起着重要作用。

高校辅导员协会等组织的建立对于增强辅导员群体内聚力，繁荣辅导员职业文化是至关重要的。因此，要鼓励成立高校或者省市级的辅导员组织，辅导员群体规模较小的高校或者省市可以联合周边成立地区性的辅导员组织。更重要的是，辅导员协会等组织成立之后要确实发挥作用，凝聚地区内的辅导员个体，否则，一切都将是摆设。

#### （二）搭建合作交流的平台

辅导员职业文化的发展要在依托辅导员研究协会，以及颇具影响力的期刊努力搭建辅导员的合作交流平台。一方面，可以通过建立线上和线下的平台，拓宽辅导员相互交流学习的渠道。线上可以建立和运营辅导员专门的网站和数据库，共享丰富的资源，达到共同进步的目的，线上平台取得成功的关键在于运营和管理。因此，要保证线上平台信息：一是"广"，即信息尽可能地全面；二是"精"，即信息的针对性和高质量；三是"快"，即信息的及时有效性。另一方面，线下要积极筹备高校范围内的、地区范围内的辅导员职业技能大赛、辅导员论坛、"优秀辅导员"评选等活动，促进辅导员相互合作交流的同时，激励辅导员快速成长。

综上所述，无论是成立辅导员研究协会，还是搭建合作交流的平台，主要的、深层目的的是发展辅导员职业文化，凸显专属于辅导员的文化特质，进而增强辅导员的归属感和认同感，形成辅导员群体的强大内驱力。

## 二、完善辅导员管理机制

### （一）优化辅导员管理结构

国家要通过宏观层面的政策调整，对高校学生工作队伍进行分工结构的优化，给出分解具体的角色任务的指导性意见。辅导员角色职责是否明确直接影响其任职条件、工作方式、角色认同等方面内容。关系着全国高校辅导员队伍的建设和职业发展问题，也是亟待有效解决的瓶颈问题。虽然高校辅导员在实际工作生活中所享受到的待遇、社会地位一般，但是社会各界却给予了他们很高的期望，而辅导员自身的能力又是非常有限的，他们所能够承受的责任与社会要求他们所要承担的角色尚有一定差距。对于学生及学生的家长而言，他们就是传承思想政治教育的桥梁，但是不可否认的是很多时候，辅导员也被有意无意地当成"奶妈""保姆"，甚至被认为应该是全能的，并以此作为衡量一个辅导员是否履行自已职责，是不是一个合格的辅导员的标准。显然这样的评判方法是不科学的，是不公平的。除此之外，过多的考核评判考核指标，如就业违约率、违纪率等也常常被看作是辅导员没有切实履行自身的职责、没有认真做好自身的本职工作。在理想与现实中，辅导员难免左右失衡，不知道要何去何从。加之其隐性的、模糊的工作成效无法被量化；面对学校的高标准严要求，辅导员承担着较大的工作压力；学生在行为和思想任何方面出现的问题仿佛都是辅导员之过。面对这一现状，需要特别强化动员、宣传工作，让广高校大学生、家长、社会大众能够深刻体会辅导员工作的重要性，能够以更理性的态度对待高校辅导员的工作。

## （二）开展职业规划

### 1. 培养专门人才

高校应着手开设辅导员培训的相关课程，培养具有专业知识与能力的辅导员。由于我国没有专门的辅导员课程，可以参照国外的课程设置，并与我国的实际情况相联系。我国高校一定会开展思想政治教育类的课程，可以将这类课程与思想政治教育相结合，开展思想政治教育、心理教育等。可以通过这些课程的设置实现辅导员的专业化建设。在没有培养出这样的专门人才之前，高校可以选择具有一定实践经验或者接受过类似教育的人来担任高校的辅导员，再结合高校的实际情况，进一步确定高校辅导员的数量与结构。

### 2. 设立辅导员专业职称

高校辅导员的薪资待遇水平与专门的任课教师之间存在很大差异。就目前的发展情况来看，应该将辅导员职务评定作为一个专门的标准，纳入学校教师职务评定的体制之中。学生工作部门可以根据辅导员的工作性质，将思想政治教育职务单独罗列出来，形成指标，设置相应的职称与职务。这样一来，高校的辅导员就有了发展的空间与晋升的平台，可以进一步激发辅导员的工作热情，提升高校辅导员工作的职业化与规范化。

### 3. 设立专门的辅导员工作机构

高校辅导员的工作职责不应该是包揽所有的工作，而应该是有明确的职责划分，更不应让高校辅导员受到多层的管理，而是要建立专门的辅导员工作机构，使其工作具有一定的安全感，这样才更有利于工作的顺利进行。

### 4. 建立一整套的制度规范

完善相关的体制规范，建立一套完整的制度规范。不管是在选聘、培训、考核、晋升、激励，还是在保障制度方面，都应该有一定的制度规范，这样有利于对高校辅导员进行统一管理，规范人才流动的体系。

## （三）完善辅导员选聘机制

高校辅导员的选聘工作作为开启辅导员工作生涯的重要一步，选择合适的人才成为高校辅导员队伍中的一分子就显得尤为重要。辅导员的主要工作是对高校大学生进行思想政治教育，需要一定的学历、实践能力、相关经验等。这样挑选出来的人才会更好地完成高校的辅导员工作。

很多没有接受过系统培训的新辅导员，只能是边工作边摸索，不利于辅导员工作的顺利开展。因此，建立严格的选聘制度是非常有必要的，遵循相关的原则，按照规定标准进行招聘。还可以鼓励高校专业课程的任课教师来从事兼职辅导员工作。专业课程的任课教师与学生接触的时间较长，不仅具备丰富的教学经验，还具备一定的学生基础，可以利用课上与课下的时间完成对学生的教育。选聘辅导员一定要注重规范与科学，尽量兼顾年龄结构、知识体系、实践经验、性别比例、数量结构的合理性，最大限度地优化高校辅导员的队伍，提升辅导员队伍的职业化水平。

### （四）健全管理和保障制度

众所周知，辅导员工资的构成包括基本工资和岗位津贴等。大部分辅导员都希望自己的福利待遇能够得到提升，因此完善相关的激励机制，可以增强他们的职业认同感与归属感。高校不仅要保障他们培训与进修的权力，而且还要保障他们在晋升方面的机会公平，不断增强他们的职业认同感。

高校应该充分认可辅导员的相关工作，适当增加他们的岗位津贴，在生活中给予适当的关心。这有利于激发高校辅导员工作的积极性与主动性，使他们在工作中得到满足，增强归属感，产生想要长期从事这项工作的兴趣，不断增强自身的实力，不断推进辅导员职业化的进程。

### （五）制定科学合理的考核制度

辅导员的工作性质就决定了辅导员工作的特点，不仅消耗辅导员的工作精力，还会给他们带来很大的精神压力。这样的工作能不能得到一定的认可，会直接影响高校辅导员工作的热情，高校需要对此加强注意，制订科学合理的考核制度，保障辅导员的相关权益。为了确保高校辅导员的相关权益，应根据高校辅导员的工作特点、工作范围、工作性质，制订相对科学合理的考核制度，建立健全的相关的考核指标。制订之后，要严格切实贯彻。也就是说要建立在辅导员全面工作的领导评价体系、同事评价体系、学生评价体系、自我评价体系之上的综合考核机制。

### （六）明确辅导员岗位职责

近年来，随着我国高校的扩招，学生人数也急剧增加，学生工作几乎覆盖校园里的各个角落，这里无形中进一步加大了辅导员的工作压力。因此科学的界定高校辅导员的职责边际，使其认清自己的角色，岗位职责和职能发挥，就显得尤为重要。明确辅导员的工作职责需要高校和院系的共同努力，创造性地做好以下几个方面。

一是高校和院系应在以思想政治教育为核心，学生的发展为主导，学生事务管理为基础的理论为指导上，制订详细的辅导员工作说明。应当阐述本职工作的内容和行为规范，工作的时间，以及指导辅导员工作需要具备的相关技能和知识等，进而使得辅导员工作有章可循。

二是高校应该成立专门的学生事务管理部门以便于划清各职能部门和相关人员的责任，切实贯彻明确工作职责和工作程序，这样可以减轻辅导员的事务性工作负担。举个例子，寝室卫生检查工作可以由专门的公寓卫生委员会执行，其成员可以由学生组成。而在类似工作中，辅导员则作为学生权益的保护者和教育引导者参与。这样有利于为辅导员减负，真正有时间和空间来扮演好"思想政治教育的引导者"角色。

三是高校和院系领导部门应该允许辅导员在其工作范围内，拥有相对自主独立的话语权和处理事务的权利。在不违反相关规章的前提下，尽可能地减少对辅导员创造性劳动和工作的干预，尊重辅导员对自己分内工作的统筹规划。

## 三、提升辅导员职业素养

### （一）高校辅导员职业素养提升的意义

辅导员对自身职位的认识，如责任、义务等方面，都会影响其是否能够在工作中充分发挥自身的角色作用，对以上因素的认知水平直接制约着其在岗位中做什么，应该做些什么及怎么去做。客观上说只有强化自身的角色意识，才能全面走出职位的困惑，只有这样才能及时纠正认知上的偏差，从而形成主动学习、强化工作的理念。同时要求辅导员在日常的工作中，要按照《高等学校辅导员职业能力标准（暂行）[1]》中的相关规定，严格要求自己，充分发挥榜样的作用。同时，积极向优秀辅导员、年度人物学习。通过不断的自我提升及参加各种培训，让自己获得更多的理论知识，优化知识结构，不断提高自身的职业素养。辅导员要使自己具备过硬的政治觉悟，良好的职业修养和道德品质，强化自身的管理能力、协调能力，力求各方面都能够尽善尽美地表现自己，促进自身的全面发展。除此之外，要求辅导员在日常的工作中还要真正地从知识、心理、行为、认知等各方

---

[1] 教育部.普通高等学校辅导员队伍建设规定.2017.8.31

面入手，做好自我调适，全面提升自我适应能力、心理素质和健康水平。同时树立正确的世界观、人生观和价值观，积极调适辅导员的心理状态，形成与辅导员身份相适应的健全的人格。时刻保持清醒的头脑、遵守相关的规定、言行一致、充分发挥榜样的作用，可以说这是对于广大辅导最为基本的素质要求。总之只有全面促进自身的发展，才能缓解角色困惑，才能使自己在工作中充分发挥优势。

### （二）高校辅导员职业素养提升的原则

**1. 政治第一原则**

高校辅导员职业素养的提升坚持政治第一原则，就是在他们职业素养提升的过程中始终坚持把政治意识摆在首位，这不仅是党和政府对高校辅导员的要求，也是高校辅导员完成工作职责和培养合格人才的要求。高校辅导员职业素养的四个维度中，职业意识本质上就是政治意识，这是职业素养体系的灵魂。所以，在提升高校辅导员的职业素养过程中，务必始终坚持政治第一原则。

**2. 以人为本原则**

高校辅导员职业素养的提升坚持以人为本的原则，就是要在提升他们的职业素养的进程中，把自身和高校大学生个体这两者的利益作为根本立足点和出发点。这是作为高校辅导员职业素养提升主体的高校辅导员的根本要求和内在诉求，也是培养又红又专、德才兼备、全面发展的高校大学生的迫切需要和现实需求。

**3. 实践锤炼原则**

高校辅导员职业素养提升要坚持实践锤炼的原则，就是在提升他们的职业素养的过程中，要以实实在在的实践行动为基础，一切从实际出发，理论联系实际，在实践中检验提升的措施和体系，从而不断优化和完善提升的措施和体系。高校辅导员的职业素养提升是一个持续变化发展的动态体系，不可能一蹴而就，需要日积月累、持之以恒、久久为功。当前社会经济发展日新月异，国际竞争异常激烈，世界形势复杂多变，社会思潮激烈碰撞，文化交流异常频繁、形式多样，因此，培养适合时代发展的具有核心竞争力的高校大学生尤为迫切。

**4. 系统提升原则**

在高校辅导员职业素养的提升过程中，如果只提升职业知识，不谈提升职业意识，那么其提升过程就像缺失雷达的飞机会迷失方向；如果只提升职业能力，不谈提升职业道德，那么其提升过程就像强兵失帅一样"兵败如山倒"。因此，不能只选择其中一样或几样进行提升，而是要把握每一维度之间的关系和联系。

### (三）高校辅导员职业素养提升的途径

1. 提高辅导员职业意识的政治站位

职业意识体现的是党和政府对高校辅导员角色定位的本质要求，也是高校辅导员的工作职责和发展要求，高校大学生发展和成长的现实需要。要提升高校辅导员职业素养，遵循政治第一原则、以人为本原则、实践锻炼原则、系统提升原则，首要的是提高高校辅导员职业意识的政治站位。

2. 加强辅导员职业道德的内涵建设

在高校辅导员职业素养的结构模型中，可以发现职业道德是辅导员职业素养的重要组成部分，它是辅导员修身立业、价值追求和工作态度的集中体现，是这一群体可持续发展和高校大学生健康成长的重要条件。要提升辅导员职业素养，在遵循政治第一、以人为本、实践锻炼、系统提升等原则的基础上，加强辅导员职业道德的内涵建设显得尤为重要和关键。

3. 提升辅导员职业能力和职业知识的层次水平

基于辅导员职业素养的结构模型，高校辅导员职业能力是这一群体完成立德树人根本任务的关键能力，是这一群体工作内容的本质需要，集中反映了这一群体的职责所在，是高校辅导员和高校大学生职业发展的本质需要。高校辅导员职业知识是知识和文化积累、传承及创新的源泉和基础，是高校辅导员把握教育教学规律、学生成长规律的保障，是促进高校辅导员和高校大学生全面发展的基础力量。要提升高校辅导员职业素养，在遵循政治第一、以人为本、实践锻炼、系统提升等原则的基础上，提升辅导员职业能力和职业知识的层次水平是基础保障。

4. 凝聚辅导员职业文化

在长期的实践和发展中，每一种职业都会在条件成熟时形成专属的文化。这种精神文化是该群体共同的理想信念、价值观念、职业习惯等综合而成的，反映了该群体的特征，是群体的灵魂和精神纽带。辅导员的职业文化也是如此，它能够增强辅导员个体的归属感和集体感，从而产生推动整体进步的凝聚力。

## 四、健全激励机制

高校辅导员队伍的激励机制可以分为四个部分。

## （一）角色激励

高校每位辅导员要有高度的责任感和使命感，明确自己的角色定位，尽职尽责。根据责任的轻重，研究辅导员队伍不同岗位的工作量计算标准，给予津贴，并加大表彰激励力度，推进切实贯彻思想政治工作的动力层层提升。

## （二）目标激励

把制订的思想政治工作目标分为长期和短期目标，根据完成每个阶段目标的实际情况进行绩效考核，分阶段分内容地进行公开评判，对完成情况好的辅导员进行嘉奖，以激发队伍成员的工作动力。

## （三）典型激励

在高校中树立学习榜样，表彰先进，营造辅导员队伍崇尚先进、学习先进、争当先进的氛围。高校应该重点发现辅导员的闪光事迹，对有培养潜质的先进典型随时上报。高校还可以开展优秀教育成果奖评选活动，形成自下而上推荐和自上而下挖掘的主要手段。

## （四）物质激励与精神激励相结合

对思想政治工作上有突出贡献的辅导员及时给予物质奖励，并与精神激励结合起来，使表彰激励作用有效发挥。第一，高校要完善各种与辅导员队伍密切相关的工作机制，如津贴制度、岗位聘任、职称评聘等。第二，在完善基本的工作机制的同时，在表彰大会、校报、媒体等方面宣传先进事迹，激发辅导员争先创优的积极性。

## 五、保障辅导员物质利益

对人们而言，辅导员工作最基本的还是获得实物或报酬的一种手段。因此，辅导员的物质利益是不可回避的话题，这也是促使辅导员现代转型的物质基础。可以从以下几个方面保障辅导员的物质利益。

## （一）健全辅导员物质保障机制

马斯洛认为，人的需要区分为五个层次，处于最底层的需要是生理需要，即由生理决定的需要，如对食物、住宿、睡眠的需要。在工作中，生理需要通常被转化为对更多金钱的需求和期待。因此，提高辅导员的物质待遇，改善辅导员的经济状况是辅导员实现现代转型的物质基础。

提高辅导员的物质待遇可以从几个方面入手：其一，在工资待遇上，要以教师的身份，按照他们被聘的专业技术职务确定他们的工资标准，即辅导员的工资与本校其他教师的同一专业技术职务的工资相同；其二，实行"以薪代职"，行政岗位有限，行政职级上不去，但是薪水酬劳可以上涨，对于优秀的高校辅导员，由于某些原因行政职级可以暂时不予评定，但是要匹配相应的薪资酬劳；其三，对于高校辅导员承担的相关课程的教学工作，予以课时补贴。

### （二）建立合理的流动和退出机制

高校辅导员的"双线晋升"是比较合理的，也是我国将会长期坚持的机制。"双线晋升"机制提高了高校辅导员的工作热情，留住了富有经验的辅导员，从而有利于形成高校辅导员合理的"老中青"队伍结构。同时，也有利于高校辅导员由单纯管理者向教学、服务、研究"三位一体"复合角色转换。

但是，这一机制在实际运行过程中效果并不显著。高校辅导员晋升缓慢，整体专家化水平较低，这主要是晋升渠道狭窄所导致的。由于行政管理岗位是有限的，且行政职位的设置都是"金字塔"形的，级别越高难度越大。建立合理的流动和退出机制有利于破除这一困境。对于优秀的高校辅导员要予以表彰并大胆提拔使用；对于不符合要求的、表现不好的辅导员要及时调整或者清退，鼓励良性竞争，保持队伍的活力。此外，对于违反有关规定和条例的辅导员可以取消或者推迟其申请晋升资格。如黑龙江大学规定，受记过以上处分者，延迟2年以上申报。受处分期间，不能申报。

### （三）成立专门职务聘任委员会

辅导员职务聘任委员会的主要任务就是，负责结合各校实际，制订辅导员评聘教师职务的具体条件，负责本校专职辅导员专业技术职务聘任工作。在评聘过程中要注意两点：其一，突出学生工作的重要性，尤其是对于新入职的辅导员应该侧重于工作考察；其二，坚持教学表现、科研能力和学生工作业绩相结合的原则，协调好三个因素在考核评定中的比例，统筹兼顾到不同年龄、各有特长的辅导员。客观来说，高校辅导员的科研能力和精力是无法与专业教师相竞争的，所以相对难以达到职称评定的指标要求，这无形中缩窄了高校辅导员的晋升通道。成立高校专门职务聘任委员会的目的，就是将辅导员与专业教师的职称聘任区分开来，以保障高校辅导员晋升渠道的畅通，从而保障辅导员的物质利益。

## 六、开展辅导员职业培训

针对目前高校辅导员，尤其是年轻辅导员专业功底薄弱、业务水平不高等现状，开展有针对性、实践性、系统性的辅导员培训是十分必要且由重大意义的。中共中央、教育部每5年做一次普通高等学校辅导员培训规划,旨在提高辅导员培训质量,推进辅导员队伍建设。培训是提高辅导员思想政治素质、职业素养、业务水平的有效举措,是增强教育效果行之有效的主要手段。

## (一)开展职业培训的原则

高校思想政治教育的多种培训包含讲座、报告、工作坊、沙龙、训练营等形式。有效的培训可以帮助刚加入工作队伍的新人迅速成长,也可以帮助一些有工作经验的工作者调整工作思路、丰富工作手段。在开展多方面培训的时候需要遵循三个原则。

(1)针对性原则。一些高校确实有组织许多培训,但事实上是效果不佳,许多辅导员老师、思想政治理论课老师将其视为工作任务来应付,不但没有帮助其成长,反而浪费了大量人力、物力、财力。针对性原则就要求组织部门在组织培训时应该结合工作实际、考虑时代热点,针对当前高校辅导员最薄弱的环节、最缺乏的技能去组织培训,针对当下最热的思想政治教育内容去组织培训,针对高校大学生群体最突出的问题去组织培训,这样才能将培训落到实处,确切地帮助高校辅导员成长。

(2)实践性原则。实践是检验真理的唯一标准,人的思维是否具有客观的真理性,这是一个实践问题,而不是理论疑难问题。培训也是如此,思想政治教育是一个操作性和实践性很强的工作,聆听别人的讲座报告难免有些"纸上谈兵"。因此,要多一些如训练营等能够让受培训者参与其中的方式,少一些大会报告的形式,这样高校辅导员才能更好地在实践中去反思自己过去的工作方法,寻找更好的方法。

(3)系统性原则。任何一项工作都是系统工程,应该去循序渐进地、由此及彼地培养高校辅导员的能力。培训如果多而杂,不仅没有效果,反而会加重高校辅导员的工作,因为这是他们必须要完成的上级下发的任务。因此,在有针对性地选择培训之后,还要注重培训整体地系统性,要让多种培训由点串成线,达到更好的效果。

## (二)建立双向统筹的培训机制

培训部门要充分履行辅导员系统培训的牵头抓总的职能,践行集体调训与个体培训的双向统筹培训规划。一方面,要充分做好基层参加培训辅导员的信息征集工作,做出有预见性的培训指导思路,在培训周期、培训班次、培训内容和人员集中选择上做好妥善的统筹分配工作，强化宏观管理，规范双向统筹标准，严格执行计划；另一方面，要允许学院及辅导员本人以正当理由适当选择参训班次、时间、形式等，让被培训部门及个人有一定的自主空间。要实行辅导员个体自我需求与社会集体发展、工作实际需要相结合的培训机制。

### （三）更新现代科技的培训方法

引入现代科技手段，不仅包含设备层面的更新换代，主要涵盖培训时间、培训空间、培训形式等多层次的培训方式的更新。一方面，充分发挥新时代科学文明与通用技术的功效，结合网络传输、多媒体设备、远程监控、电化教学等通用的新方式方法，最大限度地突破时间、空间对于辅导员培训教育带来的局限，有效地解决在职辅导员工作与求学心理的冲突矛盾；另一方面，在现有专题讲座、名师演讲等教学模式基础上，更新培训方式，引入个案分析、场景模拟、小组讨论等新颖途径，丰富授课形式，着重结合辅导员工作生活中的实际情况，进行有针对性的分析与研讨，把传教解惑、自思自省、互动互助等行为引入课堂，充分提升辅导员老师的积极参与度与灵活创造力，达到更切实的为学生服务的效果。

### （四）辅导员定向式培训

面对目前高校辅导员专业背景多元化的现实，为充分发挥辅导员自身的学科优势及个人特长，在辅导员培训中除了要坚持针对性、实践性、系统性原则，还可以创新培训形式，进行辅导员定向培训。辅导员培训中的定向式培训是指根据每个人的学科背景或者技术特长的不同，先选择辅导员职能体系中的某一项或者某几项进行深入培训，以取得在该领域的专家地位。也就是说，先将辅导员按照"1字型"人才培养，而后在此基础上，逐步拓宽其专长领域，转变为"十字型"人才。

举个例子，一位高校辅导员是心理学学科出身，自身对心理学也有一定的兴趣和专长，那么就可以先让其进行心理健康教育与咨询模块的深入培训，帮助其迅速在心理健康教育与咨询领域成长为专家。一般的培训可能安排比较紧凑，种类较多，要在短时间内接受职业生涯规划、心理健康教育、高校大学生党建工作等多方面的培训，受训者的接受效果难以保证。由此，辅导员定向式培训既是当前辅导员学科背景多元化的合理选择，还可以在较短时间内帮助辅导员成为某个领域内的专家，促进辅导员之间的相互交流和相互学习。

## 七、优化辅导员转型环境

自古以来,人才资源一直是各个行业争抢博弈的主要资源之一,确立"人才本位"的培训理念是确保工作行业发展的第一要义。重视人才资源、加强人才的内生(内部培训)与外引(扩大招聘)是市场竞争的迫切要求。"人才本位"的培训理念,不是简单地基础知识填鸭式灌输、短期单一技能的文本培训,而是要求辅导员培训组织构建一个长期的、有效的培训体系,以促进辅导员队伍向"专家型""思想型""管理型"转变,切实提高其领导学生队伍的能力水平。

高校辅导员的现代转型需要良好的外部环境作为保障,这里主要包括社会认可和社会制度保障。社会认可程度反映了社会对辅导员的存在和价值的赞同和尊重程度。良好的社会认同可以给予辅导员不竭的动力,反之,辅导员则会变得消极、沮丧,丧失转型的动力。完善的社会制度为辅导员现代转型提供了政策依据,保证辅导员的转型方向。

### (一)提高社会认可程度

社会认可是高校辅导员的社会维度,要探讨的是社会是否需要辅导员,以及社会如何看待高校辅导员的问题。对于前者是可以做出肯定回答的。纵观古今中外,思想政治教育虽然有称呼上的不同,表现形式上的差异,但是思想政治教育作为一种普遍现象,是真实存在的,那么从事相关工作的人员也理应有存在的价值。对于后一问题,应该说高校辅导员的社会地位还不是很高,人们提到高校辅导员往往会联想到"孩子王"等形象,这一群体还未得到人们的高度推崇和尊重。为提高高校辅导员的社会认可度,为其职业化成长、专业化发展和专家化成才创建良好的外部环境,可以从几个方面入手。

其一,广泛开展正名活动,可以用"思想政治辅导教师"统一代替"辅导员"。辅导员制度从1952年筹备开始,名称经历了1953年蒋南翔校长率先实施的"双肩挑"的政治辅导员,到后来的"思想政治辅导员",再到如今大家比较熟悉的"辅导员"。称呼的变化不仅是社会发展和变迁的结果,更是蕴含了其工作内容的变化,工作内容由原来的政治工作,思想工作慢慢增加、演变成现在这般"无所不包"的工作。"辅导员"的"员"具有员工、成员的意思,这就使人们容易在字面理解上将辅导员归纳为高校行政人员、工作人员,而忽视辅导员的教师身份。更名活动有利于破除这种刻板印象,提高社会对高校辅导员的认同。国内有些高校已经走在了改革的前沿,如上海交通大学已经进行改革,在相关招聘公告及报道中,已用"思想政治教师"取代原先的"辅导员"称呼。

其二，将职业分类大典中"高等教育教师"小类细分为若干细类，并将高校辅导员纳入其中。根据《中华人民共和国职业分类大典（2015年版）[1]》，辅导员并没有被单列为一个独立的职业，而只是将辅导员作为高等教育教师的一个职能。但是，如前文所说，辅导员已经符合了职业的五大特征，而且这也是辅导员职业化发展的必然要求。因此，可以将高校辅导员纳入高等教育教师下属细类之中，将"高等教育教师"细分为"高校专业教育教师"和"思想政治辅导教师"两个职业，这将有利于切实贯彻辅导员的教师身份，提高辅导员社会认可，促进其成功转型。

### （二）加强社会制度建设

加强社会制度建设主要通过法律和规定的颁布，细化辅导员发展的具体方法和制度，使得辅导员发展趋于制度化、规范化、科学化。加强社会制度保障包括两个层面，即强化国家层面的制度完善、鼓励地区或者高校的制度完善。

从高校和地方层面来看，需要不断丰富相关的制度和规定。例如，上海交通大学出台了《上海交通大学辅导员队伍建设实施意见[2]》，其中第五章关乎成长与发展，为完成培养期的辅导员提供了攻读博士研究生、公派出国留学、转向专职思想政治教师等多个发展路径。虽然许多举措还处于实验阶段，但是高校辅导员发展的理念必须提前确立，因为理念是行动的指南，对行动具有指导作用。从国家层面来看，进入21世纪以来，中共中央、国务院及教育部先后印发了16号文件、24号令、《高等学校辅导员职业能力标准（暂行）[3]》《普通高等学校辅导员培训规划（2013—2017年）[4]》等一系列指导性文件，为辅导员的发展提供了政策上的指导。在此基础上，国家还可针对当下备受关注的辅导员职称评聘、晋升等问题出台相关文件和规定，并适时地将某些规定纳入法律法规中，为辅导员的现代转型提供更加完备的制度保障。此外，还应将高校辅导员制度建设纳入社会制度建设的体系，通过社会制度建设带动思想政治教育体制的建设，使之系统化和规范化，从而为高校辅导员的现代转型提供制度支持。

---

[1] 人社部.中华人民共和国职业分类大典(2015年版).2015.7.29
[2] 中共中央，国务院.上海交通大学辅导员队伍建设实施意见.2004.10.25
[3] 教育部.高等学校辅导员职业能力标准（暂行）.2014.3.27
[4] 教育部.导员培训规划(2013-2017年).2013.9.14

# 第六章 大学生思想政治教育实践路径

本章主要围绕大学生思想政治教育实践路径展开论述，主要介绍了三个方面的内容，依次是大学生思想政治课程实践教学、融媒体环境下大学生思想政治教育实践路径、"互联网+"背景下大学生思想政治教育实践路径。

## 第一节 大学生思想政治课程实践教学

### 一、思想政治课实践教学的内涵

思想政治课实践教学，顾名思义就是在思想政治课理论教学全部完成的前提下，通过各种形式的具体实践途径，让学生进行体验和反思，达到对思想政治课课堂所学理论知识的消化、吸收，进而内化为学生自己的理念和价值观，外化为学生的具体行为，真正实现学以致用。同时帮助学生培养和树立马克思主义的世界观和方法论，成为优秀的新时代建设者和接班人。

#### （一）思想政治课实践教学的含义

思想政治课实践教学是思想政治课的一种教学形式，并不拘泥于某一种方式，而是多种不同方式的组合或者说结合。具体来说就是思想政治课内实践、校内社会实践和校外社会实践三种实践方式的结合。

思想政治课内实践是指在思想政治课的课堂教学过程中，思想政治课教师组织学生在课堂上开展诸如小组讨论、主题辩论、演讲、历史情景剧等活动，让学生运用思想政治课上所学的理论知识对某一个具体问题进行分析，提升学生对生活、对问题的思辨能力和解决问题的能力。

校内社会实践是指在高等院校校内通过各类社团组织，或者与学校各个部门合作，如图书馆、团委等，在校内开展各种类型的校园文化、宿舍文化、班级文化和社团文化建设活动，让学生在参与学校的集体活动中提升团队意识和协作能力，提高自身的综合素养。

校外社会实践是指学生利用课余时间或者寒暑假，在校外进行志愿服务、社会调研、义务劳动、岗位见习、参观访问等活动，了解群众的冷暖疾苦，体察社情民情，让学生在社会参与中加深对社会的认识了解和情感体验，激发学生爱祖国、爱家乡的热情，培育和增强学生的社会责任感。

### （二）思想政治课实践教学是一种具体的教学形式

思想政治课的实践教学不同于学生在大学阶段进行的社会实践和专业实习活动。专业实习是在专业教师的协助和指导之下，大学生深入工作一线进行具体工作，旨在帮助大学生强化专业知识，提升学生职业技能与职业素养。而大学社会实践活动则是高等院校按照人才培养目标对大学生进行有计划、有组织的社会锻炼，主要以暑期社会实践活动、志愿服务活动等为主，旨在提升学生理论联系实际的能力。思想政治课的实践教学是将思想政治课的课内实践、校内社会实践和校外社会实践三种实践方式有机结合，旨在将学生在思想政治课堂上所学的理论知识与具体的社会实践相结合，进而帮助学生树立正确的世界观、认识观和价值观，从而有效提升学生的思辨能力、创新能力和解决问题的能力。由此可见，专业实习和社会实践都与思想政治课实践教学有诸多共同之处，但是又有着明显的区别，思想政治课实践教学是一种具体的教学形式，它服务于思想政治课的具体教学目标，不是泛化的社会实践或者专业实习。

大学生思想政治理论课程教学实践的研究必须从弄清其内涵开始，逐一对其类型、特点、选择、运用、创新与发展等方面展开论述。思想政治课实践教学应具有：完备的教学要素构成、典型的教学行为特征、明确的教学行为主体。

## 二、思想政治课实践教学的意义

### （一）有利于培养高素质技能型人才

思想政治课实践教学不只是课堂辩论和演讲，更多的是校内外具体社会活动的参与。具体来说，思想政治课的实践教学能够让大学生有机会接触社会，参与社会活动，真实体察社会生活，在社会生活中领会和感悟国家政策、方针的重要性，人民渴望喜乐安康的真实诉求，进而提升自身的政治素质、思想道德素质和法律素质。与此同时，引导大学生能够灵活运用马克思主义哲学思想来分析和解决实际问题，增强自身的职业素养与职业技能，真正成为对国家、对社会、对工作有用的高素质技能型人才。

## （二）有利于提升思想政治课教师的教学水平

作为一名思想政治课教师，不仅要有扎实的理论功底，还要有掌控和驾驭课堂的高超技能，更为重要的是，思想政治课教师要在潜移默化之中将正确的"三观"、正确的思想理念渗透到学生的思想之中，让学生在思想政治课堂上有收获、有获得感。而这种获得感的产生主要源自两个方面：一是有远见、有深度和穿透力的学术理论；二是要有丰富的实践教学环节，让学生在吸收有引领和穿透力的思想的同时，能够真正体察和感悟到生活的真谛、社会发展的规律。这对于思想政治课教师来说是一个极大的考验，需要思想政治课教师精心思考和设计每一节课，尤其是能将认识上升为行动的实践教学环节的设计。因此，思想政治课实践教学有助于不断提升思想政治课教师的教学水平。

## （三）有利于推动思想政治课的教学改革与创新

思想政治课具有极强的思想性和理论性，同时也是实践性非常强的一门课。思想政治课实践教学不是一成不变的，而是要根据时代的发展，以及学生群体特点的变化来适时地进行调整，这一调整本身就意味着要不断地对思想政治课的教学环节进行改革和完善，不断创新教学的方式方法，尤其是实践教学环节的教学方式和方法。实践教学环节是与社会实际和时代发展紧密结合的，必须以当代学生最能接受、最愿意接受的方式来呈现。这样才能激发学生参与实践的兴趣和热情，从而能够有效地保障思想政治课的教学效果，同时也能有效推动思想政治课的教学改革与创新，真正让思想政治课有温度、接地气，而不只是理论的输出。

## 三、思想政治课实践教学的困境

### （一）实践教学重视程度有待提升

开展思想政治课实践教学需要大量人力、物力的投入和保障，同时其教学场所多为校外，存在交通安全、人身意外等潜在风险，这些客观因素导致思想政治课实践教学并没有被提升到应用的重视程度。部分高校把实践教学仅仅看作是"编外或非正式"教学任务，存在重课堂理论教学轻实践教学的倾向，从而导致实践教学处于"边缘化"的状态。

### （二）实践教学成效评价体系有待完善

目前来看，多数高校思想政治课实践教学成效反馈主要是以学生提交的实践教学报告为主要衡量形式。这种形式虽然一定程度上可以反映出学生受教育的感悟与体会，但也存在评价标准相对单一的局限。同时部分学生实践教学报告有"流水账"之嫌，这样就难以精准和公正地评价实践教学成效。

### （三）实践教学基地共建模式有待加强

建立实践教学基地是思想政治课实践教学的通用做法，实践基地的建立能够满足和丰富实践教学场所的需要。目前，从实践教学基地的利用上，其合作形式一般表现为实践基地为实践教学活动提供各种参观、考察等便利条件，但存在"校地"双方合作不深入的现象。

## 四、我国思想政治课实践教学模式

思想政治课实践教学是一个比较笼统的概念，人们一般都倾向于从两个方面来认识，一是狭义的实践教学，二是广义的实践教学。狭义的实践教学主要是指与思想政治课的理论教学有着明确区别的社会实践教学形式，如田野调查、参与访问等。而广义的实践教学主要是指凡是有助于思想政治课教学，有助于提升学生思想政治素养与道德品质的，与实践相关的教学方式，都可以被称为思想政治课的实践教学。

教学模式是教学思想和教学理论的反映，不同的教育观之下往往会产生不同的教学模式，但是不管何种教学模式都是围绕一个教学目标，那就是帮助作为教学对象的学生成长与成才。思想政治课是一门内容丰富繁杂，涉及范围又非常广泛的科目，而且在我国的高等院校教学体系中思想政治课还不止一门。以高职院校为例，当前我国高职院校的思想政治课主要包括"毛泽东思想和中国特色社会主义理论体系概论""思想道德修养与法律基础""形势与政策"三门课，虽然这三门课都是为了提升学生的道德品质与思想政治素养，但在具体开展的实践教学活动方面可能不尽相同。总体来看，当前我国思想政治课的实践教学模式主要有三种，分别是课堂实践教学、校园实践教学和社会实践教学。三种类型的实践教学模式相辅相成、互有补充，从而能够充分发挥思想政治课的教育功效。实际上，三种类型的实践教学也确实有助于高等院校大学生道德品质与思想政治素养的提升。

### （一）课堂实践教学

课堂实践教学是在课堂上创设一种情境或者设计一个环节，让学生亲身参与的实践教学模式。这种实践教学模式能够将课堂上教师的理论讲授与学生的亲身实践紧密结合起来，当堂讲授，当堂练习，加深学生对教师讲授内容的思考与认识。

我国的思想政治课具有鲜明的理论性和政治性，而这样的特点往往会让课程在讲授起来略显枯燥。而且对于广大"00后"的大学生，他们对于过去几十年甚至上百年的历史事件也比较陌生，而课堂实践教学模式则能有效降低思想政治课抽象与枯燥的程度。

课堂实践教学通常包括课堂辩论、焦点讨论、小组讨论、案例分析、影像展播、情景模拟等。这些课堂实践教学模式的存在能够把相对抽象、枯燥的理论或历史久远的事实通过课堂的某一个环节来重新展现出来，也能让学生对思想政治课的相关知识有更为直观、具体的认识。同时，课堂实践教学这一模式能够有效激发学生课堂学习的主体性与自主性，培养学生的思辨能力。

### （二）校园实践教学

校园实践教学是课堂实践教学的延伸，是在课堂之外、校园之内开展的实践教学活动，旨在通过校园内丰富多彩的校园活动来加深学生对于人生、社会乃至世界的认识。这种实践教学模式比课堂实践教学模式有着更大的自由度，同时也有助于丰富学生的校园文化生活。具体来看，校园实践教学模式主要包括校内调研、图书寻访、主题演讲、主题展示、微电影制作、文明评选、校园文化节等。

校园实践教学能够充分利用校园内部的各类资源，发挥校内资源的优势，例如校内图书馆、体育馆、学生活动中心、学生宿舍等场所设施。同时还可以充分利用校内丰富的师资力量、学生资源、科研成果等。这些丰富的校内资源可以让高等院校的大学生不断拓展自己的理论知识，深化对课堂所学知识的理解。思想政治课是一系列既富含科学理论，又紧密结合社会实际的课程，既有关于几百年前资产阶级及其政党革命的理论知识，也有关于当代大学生理想信念的阐述，还有关于近期发生的国内外大事的分析。

学生可以利用校园实践教学模式的多种具体方式来加深对它们的认识。例如通过图书阅读来了解百年前资产阶级及其政党革命的知识；通过校园走访、调研来真正了解当代大学生的理想信念状况；通过主题演讲或者展示等途径来深入分析和理解当前国内外大事及其对于我们国家、民众的影响。校园实践教学模式可以说是一种连接学生课堂学习与自我实践的重要方式，能够有效提升思想政治课的教学效果。

### （三）社会实践教学

社会实践教学不同于课堂实践环节中学生的自主参与，也不同于学生在校园内部各类实践活动的参与，它是依据课程的教学任务和教学要求，在教师的指导之下,有计划、有步骤地参与校园外的各类社会实践活动的形式。由于学生大部分时间都是在校园内部学习、生活,所以,社会实践教学更多的是高等院校大学生在寒暑假或者节假日的空余时间到社会中参与实践活动。思想政治课上讲述的很多关于人生、社会、经济、政治等方面的理论知识都比较抽象,需要学生在参与社会活动中对此方面的知识有真实的感受,才能对这一知识点有更深刻、更全面的认知。

社会实践教学的形式一般包括校外参观、公益活动、社会(家庭)调查、勤工助学、志愿服务等。多种形式的社会实践活动可以为大学生提供多种渠道了解历史、现实和生活。例如,校外参观,特别是去能展现革命和建设历史的纪念馆参观,可以让当代大学生更直接地感知某一历史事件的发生背景和发展过程;参与公益活动和志愿服务,可以让大学生通过接触社会、参与社会生活,改变原有对社会可能存在的偏激看法和认知;大学生勤工助学等可以让大学生通过具体实践感受生活的不易,理解父母的艰辛,进而树立正确的人生观和价值观;大学生参与社会调查或者家庭走访调查,可以让学生对某一社会现实有更为全面地认识,改变部分大学生过往从负面看问题的习惯,能够以积极、正向的视角去看问题。

社会实践教学的重要性不言而喻,社会实践教学的效果也是其他方式难以匹敌的,但是社会实践教学也有其特殊的要求。首先,社会实践教学需要教育行政部门或者高等院校对于这一实践教学形式给予时间安排上的支持与协助;其次,还需要有效整合各类资源,一起为思想政治课的社会实践教学提供多方面的便利和支持;最后,还需要高等院校对思想政治课社会实践教学给予经费和组织管理方面的鼎力支持。离开实践经费的投入,社会实践活动可谓寸步难行,离开学校各部门的有效协调与组织,社会实践教学很难有序稳定、长期开展下去。

## 五、提升大学生思想政治实践教学成效的路径

### (一)统一思想

1.学校领导层要形成统一认识

尤其是要通过校党委理论中心组学习交流、校党委班子民主生活会等形式加深对这一认识的深刻理解,勇于对核心概念的认识开展自我剖析,使学校领导班子成员在观念的碰撞和改变中形成统一认识,真正使立德树人根本任务统领办学治校各个方面,守牢意识形态主阵地。

## 2. 促进专业教师自主、自觉认知

学校应对广大专业课教师引导和加强社会主义高校办学方向、高等教育的目标是培养社会主义接班人等方面的认知，从而注重知识传授和知识运用方向上的统一。多数高校教师具有国家事业单位编制和干部身份，既然承担教学任务，那相应的教育职责、政治立场也应充分担当起来并站稳。同样，高校要注意工作环境对教师群体观念的现实影响，尤其是树立正确的"选人、用人"及职称晋升导向来营造"风清气正"的校园环境，这是对广大教师最直接、最具操作性、也是最有效果的教育引导形式。要注重提升专业课教师落实课程思想政治的自觉性，保护课程教师"教书育人"的原生动力和内在积极性，既要贯彻落实课程思想政治教学改革，又要适当给教师群体繁重的教学科研任务"松绑"，做到"有所为有所不为"，给教师群体教书育人的自主思考、自主探索、形成认知足够的时间和空间。

### （二）完善课程思想政治管理中层架构

#### 1. 明确课程权责细分

国内各高校课程思想政治顶层设计架构基本相同，即校党委书记作为第一责任人，分管校领导为分管负责人，然后在此框架基础之上成立由各部门、学院负责人参加的领导小组或工作小组。而在高校课程思想政治中层管理架构中，各校区别较大。因此所在高校必须根据校情实际，明确到底是由校党委宣传部、教务处、马克思主义学院等哪一部门来负责本校课程思想政治的管理和协调。一方面要统筹兼顾，做到横向协作、各司其职、齐抓共管；另一方面要极力避免"各司其职"的分工造成的"五龙治水"局面，出现成绩、成果，各部门蜂拥而上，出现问题、难题则分别维护本部门利益。所以，在高校课程思想政治中层管理架构内，必须明确指定唯一的部门（学院）来负责管理、协调课程思想政治在本校的落实，并给予充分的管理、资源配置权限。

高校课程思想政治管理中层架构中，校党委宣传部、教务处、马克思主义学院等重点实施部门，应细化明确参与课程思想政治管理、协调及指导人员的权责，严格按权限实施层级管理，提高工作效率。上述中层部门课程思想政治权责可细分为：部门（学院）正职为第一责任人、部门（学院）分管副职为直接责任人、落实课程思想政治的科室（学系）主任为工作负责人。而这个问题的难点是：校二级党委书记为第一责任人还是中层部门（学院）行政正职设定为第一责任人；分管教学的部门负责人是否有权限分管教师队伍的思想政治建设。课程思想政治，以立德树人为核心，落脚点为思想政治，关键点是对党的认同。因此，作者建议是由校党委书记来负责课程思想政治管理，教师的思想政治建设纳入到教师队伍建设和发展中去，由分管教师队伍建设的负责人在校二级党委书记的领导下分管课程思想政治。

2. 高校应设立党委教师工作部

在当前高校思想政治工作环境下，思想政治工作不仅仅针对学生群体，其对象更包含着对全体教师的价值引领和政治教育。因此在学校中层管理组织框架内成立专门的教师管理、思想教育负责部门很有必要。高校课程思想政治实践无论是教务处负责管理、马克思主义学院负责牵头还是各二级学院独立运行，学校应在校党委统一领导实施的框架内，设立校党委教师工作部来专门负责对课程教师的统一管理，来加强党对教师队伍的统一领导，尤其是立德树人理念的思想引领。

**（三）建立和完善课程思想政治实施制度**

合理制订本校课程思想政治实施计划，确保学校层面制订的课程思想政治实施计划是可执行的，这是课程思想政治教学改革得以顺畅运行、长期落实的关键。可执行的计划主要特征体现在两个方面：一、适度管理，不过度计划。课程思想政治实践一定是基于基本国情、基础校情开展，教学目标要结合大学生群体的现实思想道德状况和政治理论水平。教师作为课程思想政治行为主体，课程思想政治计划的制订要考虑到本校教师的学科特点及教学科研工作实际，特别是关于课程思想政治教学的指导培训要做到目标可实现、时间有余度，日常教学与科研进程不受影响。

**（四）建立和完善课程思想政治实施综合评价体系**

各高校现行的教学过程监督，评价体系与课程思想政治教学的督导、评价并无冲突之处，因此课程思想政治的评价我们应先运用当前已普遍设立的各级教学督导队伍、学生信息员队伍以及教师网上测评系统等途径。这些途径要避免两个现象：一、比如教学督导听一节课，发现教师无思想政治融入，断不可将结论定为教师未落实课程思想政治；二、教师发现督导或管理干部来听课，课堂上及时调整教学内容，立即讲解思想政治元素，得出教师落实课程思想政治得力的结论。因此，常态化的评价建立比单次、偶尔抽查更为重要。所以，学生信息员队伍、学生网上测评是反馈教师课程思想政治日常实施情况较为全面的途径。现实中，可能有教师担心会得"差评"而降低学习、考核标准，"不为难学生"；也有学生因为课程考试未通过,而给课程教师打下不符合客观实际的分数,这时候要注意运用多数学生的测评结论及考察教师的一贯表现。一项举措,往往有利有弊,但不能因为"点"上的不足而否定"面"上的功效,而是要做到现行评价手段的多角度观察、各方面结合。

## 第二节 融媒体环境下大学生思想政治教育实践路径

### 一、相关概念

#### (一)新媒体

新媒体是指利用数字技术,通过计算机网络、无线通信网、卫星等渠道,以及电脑、手机、数字电视机等终端,向用户提供信息和服务的传播形态。

#### (二)融媒体

融媒体是时代发展的象征,也是信息科学技术发展的成果体现,是一种新型媒体形式,构建在网络思维层面上,推进了传统媒体与新媒体的融合,演化为融媒体信息概念模式。融媒体是以媒介为载体,通过对人力、传播、内容等方面资源进行整合,在新媒体平台中进行广泛传播与传递,实现信息资源的全覆盖性、全媒体性、全功能性。融媒体具有其独有的特点,被人们广泛地运用到多个领域。一是融媒体具有整合性特点。传统媒体信息传播主要以文字、图片为主,但信息传播形式及力度存在不足。而新媒体信息传播多元化,以文字、图片、图像、视频等融合性,实现信息传播。融媒体是传统媒体与新媒体的融合体现,推进两者的融合,使两者相互促进与补充,形成融媒体模式。举个例子,高校以融合新媒体信息传播的快速性与多样化等特点,实现信息的传播。二是融媒体多媒体化特点。融媒体背景下,实现信息传播的灵活性、便捷性。融媒体以文字、图片、音频、视频等融合形式进行信息的广泛传播,进一步实现信息内容的传播范围。三是融媒体的互动性特点。在融媒体平台中,依托于先进技术,诸如网络技术、物联网技术等,为人们提供平等交流的平台,推进信息数据的快速传递,达到信息传递互动、交互的目的。

#### (三)当代高校大学生的特点

融媒体时代的高校大学生是在移动互联网的飞速发展中成长起来的一代人。他们人手一部手机,随时在网。他们中的部分人一天也离不开手机。以 2018 年为临界点,彼时的"00后"已经成年,已经参加高考,中国大学校园开启了"00后高校大学生"的时代。由此,"90后"将很快从大学本科生范围里"超龄退出",大学本科生中将不再能看到"90后"的身影,取而代之的是"00后"这一代新人。"00后"是诞生于千禧年前后的一代人,这似乎就给了他们更多的与众不同。

当代高校大学生有以下几个方面的特点值得高校思想政治教育工作者关注。

1. 更加崇尚国产产品

有研究显示,现在"00后"拥有较强的民族自豪感和自尊心,支持国产变成了他们关心国家的一种方式。这与中华民族伟大复兴历史进程的推进,中国日益走近在世界舞台的中央,中国的综合国力和软实力的增强,中国从文化大国向文化强国转变密切相关。从中华人民共和国成立至今,纵观党和国家的历史发展,中国经历了"站起来"到"富起来"再到"强起来"的过程。如今中国已经成为世界上第二大经济体,已经于2020年圆满完成了脱贫攻坚战,朝着社会主义现代化强国迈进。亲历中国从"富起来"走向"强起来"的就是"00后"的这一代人。他们亲身感觉着祖国的强盛,十几年来一直接受着主流意识形态的思想政治教育引导,有着更强烈的民族自尊心和自豪感。以手机为例,和"90后"推崇苹果手机不同,"00后"高中生或者高校大学生使用华为、小米等品牌手机的人群明显更多一些。

2. 阶层流行性降低

《腾讯00后研究报告》显示从20世纪90到21世纪00年代,中国社会流动性在大部分收入阶层中都出现下降。该报告是以"流动性指数"来表述阶层流动性情况的。流动性指数越小,一个阶层转到另一个阶层的难度越大。从流动性指数来看,全社会收入最高的20%的人群,指数从20世纪90年代的72降至21世纪00年代的66;次高收入的20%的人群,指数由77降至75;中间收入的20%,20世纪90年代到21世纪00年代流动性指数没变,都是80;次低收入的20%的人群,流动性指数从80降至75;最低收入的20%人群,流动性指数从66降至64。这个数据说明,以每段20%划成五段,所处每一收入段的人群,要离开自己的收入定位段转向其他收入段的概率都在降低。单就腾讯的这份《腾讯00后研究报告》看,反映出了从20世纪90年代到21世纪00年代的阶层固化。融媒体环境中也充斥着关于"阶层固化"分析的文章和帖子,如《深度解析中国阶层固化到了什么程度》《高考状元多出自精英家庭,阶层固化真的有那么可怕吗?》等。而步入高校大门的"00后"如果坚信阶层固化的结论,这就加大了高校思想政治教育工作的难度,因此正确分析类似这样的大数据,并加以正确的引导,是高校思想政治教育工作的关键点。

3. 物质生活条件更加优越

"00后"的家庭收入更高,有研究显示很多"00后"从小就有了走出国门的经历。这表明"00后"有更多的经济可支配自由度和由经济带来的选择自由度,高消费能力的背后是更多自己做主的机会。这是中国稳居世界第二大经济体后,全民共享发展成果的一个例证。

4. 成长于更加民主的家校环境中

有研究显示,在"00后"的父母中,愿意听取子女意见的比"90后"的父母多了10%,而允许学生辩解的"00后"的老师也比"90后"的老师多了5%,这说明无论是在家还是在学校,"00后"都有了更多的民主的空间和发声的机会。这背后的原因是"00后"的老师和家长以"70后"和"80后"为主体,他们是经历过改革开放的一代,是依然活跃在国家和社会舞台的一代,亲历了中国社会的民主化进程,鲜有思想陈旧的人,与"00后"一代的代沟较小。

5. 对"自我意识"有了新的见解

融媒体和移动互联网的发展,让这一代人有了更多的尝试不同领域的机会。因此,对他们来说,领域的广度涉猎已经不能够给他们带来全面的成就感。他们更倾向于以领域的深度,甚至是创造性的程度来标识自我。

6. 习惯表达想法

"00后"成长与更加民主的家校环境一致的是,他们更加习惯表达自己的想法。更加民主的成长环境,使得老师和家长都乐于聆听"00后"的意见,顾及他们的想法和感受,这让他们习惯跟任何人沟通自己的想法,甚至是国家和社会大事。有研究显示,53%的"00后"乐于在长辈面前发表自己的看法,45%的"00后"会对国家和社会发生的大事发表自己的看法。这种特点也和他们同中国的融媒体共同发展起来有关。融媒体给了他们全方位多角度了解国家和社会发生的大事的机会,使"00后"虽然大多数人目前还处于中学时代,但是并不会"两耳不闻窗外事,一心只读圣贤书"。同时,他们更加注重彰显自我的存在感,有了独特的想法并不太愿意"默不作声",而是要发声将其表达出来。在"00后"的意识中,每个人都有自己的一套责任划分体系,权利意识明显。一旦责任在对方,他们便会把自己的想法表达出来。

7. 渴求对同辈的归属感

一方面，很多"00后"生活在城市，家庭条件相对这一代人处于中等以上水平，所以他们中的很多人从小学时起，就有了很多寒暑假和同学、同伴冬夏令营，甚至是出国游学的机会，这锻炼了他们很好的朋辈间的社交能力；另一方面，融媒体及移动互联网的发展，使他们有更多的机会通过微信群、随时在线视频等方式交流。"00后"已经形成了不同于"80后""90后"的独特的朋辈交往方式，"社交恐惧症"在移动互联网陪伴成长起来的"00后"身上少有存在。

8. 接受、尊重他人的不同

"00后"的处事价值观有点类似于中华人民共和国刚成立的时候周恩来在外交关系上的"求同存异"的思想。习近平总书记说过，"当今世界正经历百年未有之大变局。"在如此变局中成长起来的"00后"，有着比其他年代的人更为强烈的包容感。"彰显自我"与"包容不同"成为"00后"典型的特点之一。

## 二、微博与高校大学生思想政治教育

### （一）微博概述

微博以其自身的特性、强大的用户规模和飞速扩张的影响力，日益成为重要的融媒体形式。随着高校大学生微博用户的增多，微博的正负两面性的影响也日益凸显。应用微博进行高校思想政治教育必须充分发挥微博在信息方面的优势，克服其消极作用。应当从提升高校大学生的"网络素养"弘扬"主旋律"教育、加强教育者的微博教育思维、增强教育者与学生的沟通交流意识、加强微博领袖的作用和加强微博法制建设等多方面，探索出应用微博开展思想政治教育的对策。

微博，是微型博客的简称，是一个基于数字通信技术和用户关系构建的信息分享、传播和获取的广播式社交网络平台。微博作为一种新兴的、为年轻人广为接受的网络科技社交工具，具有平台多元化、内容碎片化、注重个体性、多媒体性、交往对象互动重叠性、与其他网络工具对接性等特点。

第一，微博接入平台可以是电脑浏览器或者移动终端，方便用户在一天中的任意空闲时间，哪怕是吃饭、等候或者途中都能进行微博浏览和更新；第二，除了"长微博"以外，一条微博最多140个汉字，"微"的特点使得其表达效果不求全面，甚至不求语法的通顺，只求表达，哪怕是一个字或一个词，这种特性与当今的碎片化的人际交流心理需求正好契合，这种表达方式特别适合表达内心感受或者生活某一细节；第三，微博能够发布的不仅仅是140个字的文字，微博还有独具特色的图片、视频等处理功能,多媒体性可以让用户更加直观的发布或接收信息;第四,微博因为其特有的"关注"功能,使用户可以进入一个又一个嵌套式交往圈,举个例子,一个用户关注了另一个用户,就可以随之关注他的朋友、朋友的朋友,这种互动重叠的交往方式是人们在现实中交往很难实现的;第五,对于有其他上网习惯的网民,微博可以实现网民与自己以往上网工具的对接,举个例子,可以通过登录发腾讯微博,或者很多论坛、网页上都添加了"分享到微博"按钮,微博可以实现与多种网络工具的对接。

### (二)微博对高校思想政治教育的影响

#### 1. 丰富了思想政治教育内容

"微时代"的出现和发展,为高校思想政治教育的发展提供了很多获取资源的渠道和方式,为高校思想政治教学提供了丰富的素材和内容。"微时代"带动了智能手机、智能移动终端设备及 App 客户端的普及和广泛的应用,将人之间信息的传递、交流和沟通,拉进了一个没有任何限制和障碍的时代。

微博作为"微时代"具有代表性的媒介,有利于丰富高校思想政治教育的内容。当前高校思想政治教育工作的首要任务,就是要让马克思主义思想体系成为众多信息的主力军,让马克思主义思想政治教育的经典书籍成为高校大学生的必读之物,让高校大学生爱好马克思主义理论。生活在"微时代"下的广大青年高校大学生要坚定不移地用马克思主义的基本理论观点、社会主义核心价值观及中国梦为引导,坚持传播正能量。利用微媒介的强大功能,实现信息资源之间的共享和交流传播,从而弥补传统思想政治教育模式中内容落后、信息不对称等缺陷,激发学生对于新时代新时期对新思想的学习热情和积极性,拓宽高校大学生的视野和眼界,激发高校大学生对思想政治教育学习的强烈求知欲,丰富高校思想政治教育的内容。

微博的主要特点就是互动性,高校微博一改传统思想政治教育的交往模式,把藏在内心的话语以虚拟和隐蔽的方式倾诉给思想政治教育工作者,让双方处在相对平等的地位进行无障碍的交流。高校大学生把真情实意呈现在高校微博上,教育者可以接触到受教育者的内心深处,这样的思想政治教育才更有说服力。

#### 2. 创新了思想政治教育方法

传统的思想政治教育方法主要是通过教师在课堂上的讲授课程、召开讲座等单一的形式进行填鸭式教学或者满堂灌式的教学,其思想政治教育的形式枯燥乏味，大大降低了高校大学生的学习兴趣。教师作为高校思想政治教育的主体，传授知识的方法受到了课本和课堂教育形式的限制，高校大学生和高校教师之间缺乏交流沟通，降低了高校大学生课堂上参与的积极性，教学的理论体系不能真正地被高校大学生及时掌握，不能贯穿到高校大学生的头脑中，高校大学生只能被动地接收教师传递的信息，造成了高校大学生和高校教师之间出现了对立的现象，大大拉开了高校大学生和高校教师之间的距离。

随着微博、微课等的出现，逐渐将文字、图片、视频等形式与传统的思想政治教育教学结合起来，增强了高校思想政治教育教学方法的灵活性，提高了高校大学生主动学习思想政治教育的积极性，教学成果也得到了显著地提高，从而使思想政治教育的理念大大地深入高校大学生的内心，实现高校大学生思想由外化向内化的飞跃。"微时代"下信息的传播还具有互动性强的特点，高校大学生可以通过微信、微博等自由地表达自己的思想情感、看法及观点立场，高校思想政治教育工作者可以及时地了解和掌握学生的思想动态和心理诉求等。高校大学生和高校教师之间的交流不再只局限于课堂上以通过微信、QQ等建立群聊，或可以通过微博互相关注，教育者可以及时对高校大学生的学习、生活等方面的问题进行交流和沟通，促使高校大学生和高校教师之间建立良好关系。情感交流与理论教学相结合，不仅可以增加高校大学生和高校教师之间的双向互动，还可以使高校大学生在的思想水平不断地得到提升，同时，教师也赢得了学生的信赖和尊重。

"微时代"下信息传播的内容具有极强的吸引力，传播速度快，高校思想政治教育工作者要善于利用微平台对典型教育事件进行宣传和报道。而传统的报纸、杂志等信息的滞后性且信息传播的范围较为有限，无法发挥榜样的示范力量，导致典型教育被弱化。对高校大学生进行思想政治教育借助典型教育法，可以使高校大学生潜移默化地接受熏陶，容易被高校大学生所接受。坚持及时地更新高校思想政治教育教学的方法和方式，而不是将此流于形式，不断地取得高校大学生的信任和支持，这才是思想政治教育能够真正取得实效的关键。

微博的便捷性，适合随时随地开展思想政治教育。微博无需发布人有多深厚的文字功底，只需要在日常发表只言片语。而且，微博可以依托于多种终端，学生可以在宿舍用电脑参与微博、可以在外面随时用手机参与微博。这种便捷性，增加了用微博开展思想政治教育的可行性，使学生随时随地接受教育，可以从单纯地在学校主动接受思想政治教育，变成日常潜移默化，"润物细无声"式的接受思想政治教育。

### 3. 拓宽了思想政治教育渠道

在高校传统的思想政治教学过程中，受教育者获取信息的主要途径是通过教师面对面的讲授，以说教的方式进行知识的传授，信息的传递比较单一。教师一个人的输出严重地抑制了学生的求知欲，造成了高校大学生和高校教师之间地位的不平等，使学生缺乏质疑精神和探索创新精神，缺乏独立思考的能力。"微时代"的到来改变了高校思想政治教育教学的传统模式，为高校思想政治教育工作开辟了一条全新的渠道和方式，微电影、微视频等为思想政治教育工作注入了新的元素和新的活力。

"微时代"下传统教师的主导地位受到了挑战，学生从被动地接受知识，慢慢地变成了主动去接受知识的一方，学生的求知欲得到了激发。"微时代"下人们的交流可以在虚拟的条件下进行，打破了面对面交谈的方式，人们可以随时随地的进行语音、视频、短信等，也可以借助微媒介随时随地地发表自己的看法和意见，自由地表达自己的内心最真实的想法的意见，随意地关注感兴趣的信息，拥有较大的自主性和主动性。

高校微博的开通，更是开启了高校网络互动的时代。在高校微博中，经常可以查找到学校的有关宣传信息和开展活动的内容，还不时与粉丝进行互动，增强亲切感。

研究者从相关资料中了解到，现在绝大部分高校大学生经常通过微信、微博、微视频等微媒介了解国家大事和形势政策，只有一小部分高校大学生还是通过广播、报纸、电视等传统媒介进行相关资讯的了解，通过思想政治教育理论课去了解相关知识的学生更是寥寥无几。由此可见，大部分学生更加倾向于通过微媒介这一渠道进行信息的获取和传播，这就打破了传统媒介信息来源单一的格局，同时以微信、微博为代表的微媒介越来越得到高校大学生和高校教师的喜爱和广泛应用。

### 4. 优化了思想政治教育环境

人的全面发展和进步总是离不开环境这一要素，不管是个人思想品德的形成，还是开展思想政治教育的活动，都受到自身所在环境的制约。但是，由于人具有主观能动性，使得人们能够通过自己的努力在遵循客观规律的基础上去改变环境，为人们的各项活动包括思想政治教育活动提供优良的环境。在"微时代"背景下，高校思想政治教育工作的整个环境体系，都随着时代的变化发展发生了天翻地覆的变化，微媒介的广泛普及和应用，扩充和丰富了高校思想政治教育的教学资源和内容，打破了传统知识局限于书本、校园的现象。

思想政治教育能否取得良好的效果，取决于教育者与受教育者之间的交流和沟通。在传统的思想政治教育环境之中，学生和教师之间的地位一直是不平等的，教师一直处于主导地位，而学生则处于被动地接受知识的地位。由于二者之间地位的不平等，使得在传统的思想政治教育课及思想政治教育教学的效果一直不明显。"微时代"环境下的高校大学生思维活跃，有很强的独立意识，他们渴望被接受、被认同、被尊重、被理解，希望可以得到公平对待。所以，教育者要结合受教育者自身的特点，真诚地倾听他们的心声，时刻关注他们的动态，尊重他们的地位，与受教育者建立亦师亦友的良好关系。

5. 促进了思想政治教育资源共享

教育资源分布不均衡，是制约我国当前教育发展的主要问题。"微时代"的到来，有效地解决了教育分布不均衡的问题，"微时代"下信息的大众化传播，促进了信息资源的共享，打破了传统思想政治教育理论课堂单调乏味的氛围，弥补了我国高校一直以来思想政治教育资源单一不平衡的缺憾。

"微时代"的到来促进了高校思想政治教育的资源从现实走向网络，从单一走向多元，面对面口述的知识授课方式逐渐被淘汰，"微时代"加速了传统书本和口头传授知识的速度，使静态的书本知识变得生动有趣。"微时代"下的信息传播具有瞬时性和开放性，使得思想政治教育工作者能够在第一时间进行选择和使用，而微博更新的速度更是以每秒钟数以万计次进行的，通过网页、信息门户等传输到网络空间，为高校大学生学习思想政治教育的内容提供一个阅读、浏览、学习、分享的平台。"微时代"所传递的信息量是以往所有的传统媒体都无法比拟的，大大提高了思想政治教育工作的效率，促进了思想政治教育资源的合理分配和共享。

以微博、微信、QQ等为代表的微媒介应用，瓦解了传统的点对点、面对面的教育形式，高校大学生可以自主的查找更多的学习资源，可以自己在网络上搜索相关的学习资源，高校大学生和高校教师之间可以随时进行交流，学生可以有针对性地与教师开展交流、讨论，及时地发表自己的看法和见解，有利于克服学生在课堂上胆怯的行为。思想政治教育者本身也可以从不同的教学资源中获取更多有价值的信息，不断地完善自己的教学目标和方法，使教学资源更加贴近高校大学生的生活。"微时代"促进了的高校思想政治教育内容从传统的静态的教授走向了动态的互动交流，从现实走向网络，从平面走向立体，促进了高校思想政治教育资源的共享。

## （三）用微博开展思想政治教育应坚持的原则

1. 要坚持微博思想政治教育正确的政治方向

思想政治教育工作者在使用微博时，往往要突出自身"教育者"的微博人格，弱化自己"普通微博用户"的微博人格，保证其微博的政治方向绝对正确。思想政治教育工作者要具有对微博言论和微博舆情的基本判断能力，切忌在微博上意气用事、人云亦云，切忌传播可能是谣言的言论，切忌言论过激，保证学生看到的思想政治教育者的微博都是政治方向正确的、客观的、正面的、积极的、经得起推敲的言论。

2. 要坚持微博思想政治教育与传统思想政治教育相结合的原则

传统思想政治教育不外乎思想政治课教学的课堂教育，与辅导员全程思想政治辅导两种方式。微博思想政治教育与传统课堂思想政治教育应当是相辅相成的，在应用微博进行高校思想政治教育的同时，不能放松课堂思想政治教育的教学改革，不能厚此薄彼。思想政治教育工作者有义务探寻两种教育渠道的结合点，做到两者相得益彰、齐头并进。同时，要将微博思想政治教育与辅导员工作紧密结合起来，利用微博增加辅导员的亲和力，使辅导员不在办公室，就在微博上，也可以随时随地关注学生思想动态，与学生沟通交流。

3. 要坚持微博思想政治教育以人为本的原则

科学发展观的核心是以人为本。同样，在高校思想政治教育中也应该坚持以人为本，即坚持以高校大学生为本。马克思主义哲学认为，矛盾的普遍性寓于特殊性之中。作为教育客体的高校大学生有"00后"青年一代的共性，也有每个人特有的个性特征。因此，在运用微博进行思想政治教育时，思想政治教育者除了要有面向所有学生的微博教育言论，还要因材施教，应用微博的私信等功能对个别学生实行单向教育。

4. 要坚持微博思想政治教育与其他融媒体教育形式相结合的原则

目前，除了微博以外，微信、抖音、视频号等很多融媒体，以及主流官方网络平台同样可以辅助进行思想政治教育活动，如各个高校的官方主页、新华网、人民网等一些官方网页等。思想政治教育工作者可以将多种网络资源结合起来，如将官网上正面的主流的声音转发到微博上，使学生从多种网络平台受到启迪。

## 三、微信平台在高校大学生思想政治教育中的应用

随着网络信息化技术的日新月异,智能手机越来越普及化、平民化,几乎每个家庭都至少有一台智能手机。据相关数据调查研究,中国使用智能手机的网民呈逐步上涨的趋势,其中涉及不同的年龄阶段。可以说,智能手机是新时代背景下人们不可或缺的通信工具,而微信则是众多智能移动通信App的"宠儿"。

### (一)微信平台与高校思想政治教育的相关性

1. 微信增强了高校思想政治教育的实效性

微信作为当下流行的社交工具,为高校大学生和高校教师提供了一个表达意见、交流信息及分享思想的重要网络平台,也对高校思想政治教育产生了重大影响。高校大学生通过微信平台可以随时随地接收和发送信息,能够通过各类公众号和学校、学院、班级等微社群获得思想政治教育方面的学习资源并进行互动分享。微信借助自身实时互动和动态化的特性为高校大学生提供了更加便利的学习条件,一定程度上满足了高校大学生在知识获取、情感熏陶、职业规划等方面的多样化需求。微信平台资源的合理利用,能够很大程度上为高校思想政治教育提供便利,促进高校思想政治教育质量的提高。既达到扩展思想政治教育路径的目的,又能够提高高校大学生对高校思想政治教育的认可度。

2. 微信丰富了高校思想政治教育的形式

教师可以借助微信搭建授课平台,对学生进行线上授课。以"云课堂"为例,即便大家在不同的地点,也可以通过同一课程号码登录进行统一的课堂学习,学生有任何问题可以通过发送弹幕的形式进行反馈,同学们也可以在弹幕中就老师提出的问题展开交流。这样的上课方式既新颖又提高了教学效率,不失为一种良好的授课方式。

### (二)微信平台对高校思想政治教育的影响

1. 高校官方微信公众号

建立高校官方微信公众号,由专业的教师担任管理者。结合微信的功能与优势,思想政治教师需对传统的思想政治教育内容进行优化,并采用影像、视频等多种高校大学生喜闻乐见方式对教育内容进行发布,定期向订阅用户推送,引导学生通过关注、订阅微信公众号获取教育信息,初步实现思想政治教育信息在微信平台的发布、获取与共享。由于思想政治教育的内容是多方面的,为了促进思想政

治教育的针对性，高校可以借助微信公众号进行模块化教学，为广高校大学生提供多样化的学习选择，提高学生的学习意愿。借助微信公众号设置专门的问答板块，帮助学生有效地解决学业发展、职业规划、心理咨询等疑难问题，在为学生的学习、生活服务的过程中切实贯彻思想政治教育。

2. 微信群

思想政治教师要建立管理有序、良性互动的微信群，通过合理利用微信社群的形式定期组织学生就思想政治教育展开讨论交流。还可以在群里通过多种方式为学生进行实时的答疑解惑，有效地解决学生在学习和生活中的困扰，使微信真正成为高校大学生和高校教师沟通、促进学生发展的良好平台。

### （三）高校辅导员"微信公众号"的创建和利用

1. 组织建设专业团队

对于"微信公众号"的板块建设方面，相关专业团队可以根据现有的微信平台技术，以学校和辅导员的相关工作内容为核心，为学生设立起更加全面的、具有整合性的事务办理信息汇总模块。除此之外，还可以适当增添一些周边高校的相关讲座、学校活动信息、学工工作内容，以及专门的学生问题有效解决的模块。对于内容筛选与编辑，可以由专业团队进行相关思想教育工作的专题信息推送，不断贴近与联系学生的学习生活实际。举个例子，公众号可以针对奖学金获得者荣誉展示、优秀学生工作表现寄语、校内外相关教授名人发布的优秀文章等进行推送，不断丰富"微信公众号"信息传播的内涵和价值，帮助学生获得更加丰富多样的思想政治教育信息。

2. 优化调整传播策略

辅导员要通过"微信公众号"来实现更加优质的思想政治教育工作，其中工作效果实现的条件和前提是学生具有较高的参与度和关注度，"微信公众号"应当吸引更多的学生关注，才能不断实现其功能和作用。因此，需要高校辅导员及相关团队进行"微信公众号"信息传播和宣传的策略优化调整，培育和提升思想政治教育工作者的品牌推广意识，让学生能够更加充分地了解到学校的新媒体教育思路，使"微信公众号"能够获得学生的广泛支持和关注，不断增强学生的阅读学习参与度，为学生能够在"微信公众号"中进行更加强化的思想政治教育创造条件奠定基础。辅导员和相关教育团队可以从优化推广方法入手，不断选择和寻找更加符合学生实际需求的方式来进行"微信公众号"的宣传。举个例子，在进行学校迎新时，面对新生可以加强对"微信公众号"的宣传，呼吁学生进行相关平台的关注，并且告知学生各类活动将通过平台进行，同时建立更加丰富的活动类型与平台相关联，拉近学生与平台工作的距离。通过此种方式能够不断保障平台的活跃程度，提高学生的参与和关注度。除此之外，还可以根据各种文艺、宣传、体育竞技、相关比赛等活动在"微信公众号"设置投票环节，增强"微信公众号"的存在感和参与感，不断增加学生的兴趣点，推动学生进行主动的分享和传播，以此来获得更多的学生关注，让"微信公众号"的思想政治教育能够进行更加良好的实现。

除此之外，微信公众号作为信息传播的重要媒介，微信群作为能在短时间内进行快速传播的工具，将其应用于高校思想政治教育的过程中，需要注重对高校大学生的思想引导。高校思想政治教师在利用微信平台进行思想政治教育时，其传播的内容必须抓住思想政治教育的重点，有针对性地向高校大学生输送优质的学习内容。在向学生传授知识的同时注重引导学生对海量的信息进行正确研判，使学生通过学习能够自觉坚持正确的政治立场，以辩证的思维看待人物、事件，对所接触的事件进行尽可能客观地分析和评论。帮助学生树立正确的世界观、人生观和价值观，促进思想政治教育工作的顺利开展，使高校大学生能够自觉抵制不良思想的侵蚀。

3. 保障推送时效质量

在当今的互联网时代，信息的传播速度与其中包含的信息量较大，学生会在日常生活中面临各式各样的网络信息传播和推广，因此学生的注意力会呈现出碎片化的趋势，使学生在进行网络信息浏览时视线被分散。在信息量繁多的网络平台下，学生进行浏览时会呈现出浏览迅速等特点，但学生会根据自身所感兴趣的相关内容进行重点查阅。例如，一些娱乐信息、游戏项目等，而对于一些具有教育性质的文章学生不会进行过多的关注，这将不利于辅导员通过"微信公众号"对学生的思想政治教育，会降低信息生命力。因此，要实现新媒体思想政治教育质量的提升，应当充分保障推送时效和推送的质量，提高信息中的趣味性和有效性，尽量避免内容信息过载。

第一，在推送时间上，应当选择更加符合学生阅读实际需求的时间段，例如，夜晚11点是学生进行网络浏览和阅读的黄金时间。辅导员和相关团队进行信息内容的发布时应当做到及时、准确，不断保障和提升信息的实效性。

第二，在推送契机上，应当在重大节日、纪念日，如五四青年节、雷锋纪念日等具有教育性意义的重要节日之前，进行推送内容的提前设置，要做到能够准确及时地发布相关信息，不断迎合和适应节日氛围，做好主题教育的相关工作。

第三，在阶段安排上，相关团队应当根据学生每天、每学期的相关需求及思想认识变化发展进行调研，根据学生的学习生活发展需求，对学生推送一些具有更高价值量的信息。

4. 创设分步推进的发展版图

辅导员微信公众号的建设非一日之功，应当结合辅导员自身职业能力发展进行分步培养。

（1）培养基础性能力。主要是通过笔试入围、面试选拔、拟聘前培训、聘任后反复实践及后期的定期不定期考核，使辅导员具备基本能够完成微信公众号管理者具体任务所需要的基础性理论知识和能力结构，能够结合微信公众号开展基本的思想政治教育及事务管理等工作。

（2）提升发展性能力。具备基础性能力的辅导员可根据自身特征、意愿，以及专业学习经历、兴趣爱好、特长优势等构建自身专业领域，并以辅导员微信公众号为平台推进自身政治理解能力、信息察觉能力、组织管理能力等能力的专业化发展，形成自我发展的优势。

因此，当前的主要任务是通过校内选拔辅导员组成微信公众号建设队伍，重视利用心理咨询和就业指导两支队伍，以及辅导员职业能力发展的经验，在"经验复制"的基础上努力实现创造性传承与创新性建设，逐步打造以思想政治教育专业为学科基础、为了思想政治教育这一专业知识发展的专业化辅导员微信公众号团队，并把经验普及化，以加强各大高校辅导员队伍的交流。

5. 挖掘分析数据反馈

"微信公众号"平台中的数据反馈是帮助辅导员实现更高质量的思想政治教育工作的重要途径之一。学生在进行"微信公众号"的浏览和使用之后，会呈现出相关的后台数据分析，并且学生也可以进行自主的留言和评价，这些功能和作用，能够帮助辅导员在新媒体教育环境下进行思想政治工作教育的全面了解，为辅导员推进工作的顺利有效进行提供了更好的数据支持条件。因此，相关工作者应当充分重视"微信"所自备的后台数据分析功能，充分利用这一现有价值和数据收集途径，不断挖掘和分析学生的反馈意见，更加关注和全面理解学生的思想动态变化和需求。

# 第三节 "互联网+"背景下大学生思想政治教育实践路径

## 一、互联网对高校大学生思想政治的不良影响

### （一）思维方式浅表化

网上海量的信息冲击着高校大学生的眼球，使其乐享于信息的包围圈中，体验着世界的种种改变，又使其眼花缭乱无暇筛选，逐渐形成停留在浅层信息上而无法深入分析信息的思维方式，忽视了对信息的理性甄别和批判思考。这种"浅表化"的思维方式使得高校大学生在学习思想政治理论知识时，往往满足于表面的获得而不知思想政治教育的深刻内涵，这种不求甚解的思维方式会大大影响思想政治教育的效果。

### （二）价值选择迷惘化

少数意志不坚定的高校大学生的价值取向容易受到干扰，造成其在价值选择时的迷惘和价值取向上的紊乱。面对纷繁复杂的社会现象和风云变化的世界形势，在世界范围内价值道德相碰撞的过程中，要求青年高校大学生提高慎辩能力、增强真诚情感、坚定慎微信念、磨炼慎隐意志、养成慎行习惯。

### （三）心理发展片面化

一方面，部分高校大学生每天花大量时间沉迷网络，热衷"人机交往"，而疏远现实的社交活动，甚至有一些高校大学生将网络作为其精神寄托，沉溺于网络社交而排斥正常的人际交往活动，造成其现实人际关系障碍。长期的心理空间封闭最终会导致其处理人际关系的能力退化，人际关系冷漠、性格脾气孤僻、意志萎靡消沉。特别是有些性格内向的高校大学生，在现实生活中不善沟通故而将其对人际交往的需求转嫁到互联网中，容易被不法分子利用，陷入网络诈骗、传销、色情等网络犯罪中，极大伤害了其身心健康。另一方面，由于网络监管不到位，虚假恶俗、粗制滥造的信息时有出现，加大了高校大学生对有价值信息的筛选困难。尤其是高校大学生的世界观、人生观、价值观还未成熟，理性思考能力、客观评价能力、价值选择能力和自我控制能力不强，面对繁杂的信息，往往不知所措、迷茫困惑，易产生心理焦虑。

### （四）道德观念失范化

现实生活中,高校大学生受到道德和法律规范的制约，会自觉控制自己的言行，

但网络上的交流主要是通过代号进行的，主体的身份具有隐匿的特点，削弱了道德和法律对高校大学生言行举止的约束。由于高校大学生的自我约束力较差、道德自律意识不强及网络本身的弱规范性，带来了一些道德失范现象。有些高校大学生在网上呈现出和现实中截然相反的两副面孔，借助网络工具发泄不满、消除责任、摆脱约束，在网上粗言粗语、言论偏激、放纵不羁；有些高校大学生总是认为无须对网上的言论承担责任，因此传播谣言、煽动民众；甚至有些高校大学生凭借自己的专业技能，将传播色情信息、侵犯知识产权、盗用账号密码、制传网络病毒等当作对自我智力的一种挑战。这就呼唤高校大学生自律性的提高，以维系网络空间的正常秩序。要求他们增强慎辩、慎诚、慎微、慎隐、慎言行的能力，达到儒家所提倡的以高度自律为本质特征的"慎独"境界。

### （五）行为模式放纵化

网络的触角已深入高校大学生的生活、学习、文娱、交友、求职等方方面面。在实际应用中，大部分高校大学生并没有充分发挥网络的学习属性，而是更多地利用网络进行休闲娱乐，具有明显的娱乐化倾向。世界观、人生观、价值观尚未完全成熟稳定的高校大学生特别容易被网络的自由性和放纵性吸引，多数高校大学生网络行为管理能力较差，遨游网络空间，缺乏时间观念，甚至有些高校大学生沉迷网络不能自拔，导致网络成瘾现象出现。特别是伴随着移动费用的降低和手机上网的普及，高校大学生机不离手的现象较为普遍。

## 二、"互联网+"高校大学生思想政治教育的方法

### （一）资源整合

用于思想政治教育的相关内容很多，这些资源在互联网上比比皆是。高校思想政治教育在网络思维的冲击下，必须向多元化方向发展。因此挖掘优质的资源、方法势在必行。首先，要竭尽全力，挖掘一切可以挖掘的教育资源，丰富思想政治教育内容；其次，要正确整合、分析、处理这些资源。举个例子，在课堂教学时，仅仅依靠单纯的教学课程知识讲授与教学课本知识的输入，难以达到良好的教书育人的教学效果。而通过利用网络搜索，挖掘与本课程内容相关的各种教育资源、信息资料，经过加工整理后，在课堂上积极进行综合性教学，不但可以丰富学生思想政治素质教育的内容，还可以提高高校大学生自主学习的参与度，激发广大高校大学生的学习积极性。

互联网时代的到来，有利于充分发挥在线开展思想政治宣传活动，提高思想

政治理论教育的宣传效果。如设置本校专门的教育微博、微信公众号等，打造优质的教育网络平台，提升学生思想政治理论在线教育教学实效性。此外，在各类智能终端应用程序不断出现的情况下，高校思想政治教育也可以针对应用程序进行专门设计开发，并将一些学生的网络实践与应用程序相关联。这样就可以将创新实践教育渗透到思想政治教育中，最大限度地发挥思想政治育人的实效性。

### （二）沉浸式体验

VR、AR等虚拟智能提供了沉浸式体验，通过营造氛围让参与者享受某种状态，使用户有一种身临其境的感觉。网络思想政治教育既是教学形式又是教育内容，既是教育手段，更是教育目的。要想实现内容与形式的统一、手段与目的的统一，就要运用"互联网+"的学习优势、教育特征，坚持以习近平新时代中国特色社会主义思想为核心内容，加强教育的选题设置和教育内容的资源提供，建设思想政治教育虚拟仿真实践平台，加强网络思想教育过程的资源整合利用、技术支持和协作创新，加强虚拟网络仿真教育，重视思想政治教育的沉浸式体验教学。

"互联网+"条件下高校思想政治教育的沉浸式体验学习，还可以结合榜样事迹和英雄精神展开。以榜样人物、英雄事迹为依托，建设相应的虚拟仿真实验课程讲述典型人物事迹，沉浸体验故事情境，通过榜样示范法来达到思想政治教育的目的。

### （三）注重线上和线下的配合

只有线上思想政治和线下思想政治的完美配合，才能让思想政治工作更上一层楼，让线上和线下变成"你就是我，我就是你"的完美状态，方能体现出全程育人和全方位育人的特点。首先，学校应在顶层设计上考虑线上和线下活动的相辅相成关系，举个例子，活动的海选可以采用网络的形式，活动的评选也可以采用网络投票等。其次，线上和线下在时间上的配合关系，如笔者所在学校开展的"党建思想政治进宿舍"、高校大学生"三走"活动、"艺术党建进社区"等品牌活动有效地扩展了传统思想政治阵地，也为"微思想政治"降低了压力，从而实现了全方位育人的理念。最后，传统的思想政治教育和"微思想政治"教育都十分重要，需要两者的相辅相成，共同努力才能做好思想政治工作。

# 参考文献

[1] 周绍宝.论思想政治教育意识形态性的时代意蕴和彰显路径[J].河北青年管理干部学院学报,2021,33(5):57-62.

[2] 袁梦婷.生命意义教育融注思想政治理论课:价值挖掘与实践理论[J].牡丹江大学学报,2021,30(9):119-124.

[3] 王树荫.中国共产党百年思想政治教育基本经验[J].企业文明,2021(9):54-56.

[4] 郭玉秀.新媒体背景下高校思想政治教育管理实践——评《新媒体时代高校思想政治教育创新探究》[J].中国教育学刊,2021(9):149.

[5] 尹超.新时代高校思想政治教育中的班团学干部建设实践与探索[J].产业与科技论坛,2021,20(17):224-225.

[6] 陈怡萍.高校新媒体思想政治教育的实践路径探析[J].传播与版权,2021(08):106-108.

[7] 蒋利平.新时代高校思想政治教育质量评价面临的挑战与破解[J].高校辅导员学刊,2021,13(4):20-25.

[8] 肖小燕,徐泽宇,周耘.思想政治教育融入高等数学课堂的探索与实践[J].高教学刊,2021,7(24):189-192.

[9] 陈凤俭.新发展阶段高校思想政治教育实践研究[J].中共南宁市委党校学报,2021,23(4):28-31.

[10] 李杰,石代红.思想政治教育在临床护理实践教学过程中的应用探讨[J].卫生职业教育,2021,39(16):33-34.

[11] 刘丹.新形势下思想政治教育实践育人路径探究——《新时代高校思想政治教育理论与实践》[J].热带作物学报,2021,42(8):2437.

[12] 马丹丹.思想政治教育现代转型与实践前沿问题思考——评《思想政治教育学前沿研究》[J].热带作物学报,2021,42(8):2451.

[13] 李姝.高校思想政治理论课法治教育实践教学路径探究[J].黑河学院学报,

2021，12（8）：113-115.

[14] 陈丽芬.基于交往实践观的思想政治教育主客体关系[J].中学政治教学参考，2021（31）：62-64.

[15] 张礼.思想政治学科融合生涯教育实践探索[J].中学政治教学参考，2021（31）：65-67.

[16] 张志毅，刘海燕，尹晓虎.当前思想政治教育范式之争的大数据检视[J].思想政治教育研究，2021，37（4）：79-82.

[17] 谭琳霞.高职学前教育学课程思想政治教学设计与实践探析[J].品位·经典，2021（15）：92-94.

[18] 庄智群，苏汉美，范声斌.高职院校隐性思想政治教育"以文化人"的实践探索[J].辽宁经济职业技术学院.辽宁经济管理干部学院学报，2021（4）：65-67.

[19] 鲁烨.高校思想政治教育组织：内涵阐释与特征厘析[J].教育学术月刊，2021（08）：16-22.

[20] 郭超.提升高校思想政治教育针对性的实践逻辑论纲[J].西南石油大学学报（社会科学版），2021，23（4）：97-104.

[21] 陈宠.高校大学生思想政治教育的方法理论与实践应用研究[J].现代商贸工业，2021，42（25）：109-110.

[22] 任路伟，王甜甜，刘晓敏."立德树人"背景下高校精准化思想政治教育实践[J].食品研究与开发，2021，42（15）：238.

[23] 李海娟.新时代高校实践育人路径探析[J].思想理论教育，2021（8）：108-111.

[24] 刘友洪，李景国，陈启超.以哲学思维引领高校思想政治教育基础理论研究[J].黑龙江高教研究，2021，39（8）：120-124.

[25] 罗单杨.加强高校思想政治教育理论课实践教学的政治性建设[J].佳木斯职业学院学报，2021，37（8）：18-19.

[26] 魏新凯.红色歌曲融入高职学生思想政治教育的时代价值及其实践路径[J].财富时代，2021（7）：86-87.

[27] 王萱.思想政治教育社会形象探析[J].中学政治教学参考，2021（28）：5-8.

[28] 陈鑫，杨云霞.毛泽东思想政治教育方法及对高校思想政治教育的启示[J].

毛泽东思想研究，2021，38（4）：131-141.

[29] 刘丙雯.新时代校企思想政治教育理论与实践协同创新路径探析[J].中外企业文化，2021（7）：193-194.

[30] 袁芬.新视野下高校思想政治教育的实践挑战[J].中学政治教学参考，2021（27）：104.